教師という生き方

藤原友和

東洋館出版社

はじめに

　本書を手に取ってくださった皆さん、ありがとうございます。

光栄なことに、教員としてのあゆみをまとめる機会をいただきました。

　明治の始め、時の文部大臣は学校という制度を説明するにあたり、「教師は教育における僧侶」と各地の講演会で説いて廻っていたそうです。いわゆる「教師聖職者論」の源流です。

　それから１６０年が経過しました。令和の日本においては、その“ブラック”な労働環境が忌避され、教職を志す若者が少なくなり、ある自治体では数百人の採用試験合格者の大半が辞退するという目を疑うようなニュースまで飛び込んでくるようになっています。

　私の周りでも、初任者が一学期を終えるのを待たず退職してしまったという話や、臨時採用で勤務してくださる教員免許保持者が見つからずに、本来ならば学級をもたない立場の先生がやむを得ずその年度を学級担任として働かざるを得なくなったという報告も聞くようになりました。

　ＳＮＳでは悲惨な労働環境に対する怨嗟の声を聞かない日はありません。初任の先生が週に何時間も「学年体育」や「学年総合」を担当して疲弊しているという話も日常茶飯事ですし、ここには書けない、目を覆うような惨状もあるとの話も聞こえてきます。

そのような中で教職を続けるとはどういうことか。仕事にやりがいと魅力を感じるような働き方とはどのようなものか。期せずして教師という仕事を見つめ直すことが増えてきているように思います。いえ、「突きつけられている」と言ってもいいかもしれません。

２０１０年代の終わり頃から「働き方改革」の号令がかかり、その直後にコロナ禍を経験し、同時にＧＩＧＡスクール構想に関わる環境整備が一気に進みました。まさに改革に次ぐ改革。さらに生徒指導提要の改定、「『令和の日本型学校教育』の構築を目指して」、「第四期教育振興基本計画」、次期学習指導要領に向けた中央教育審議会の論点整理など、これからの教育施策の方向性を示す様々な動きも活発になっています。

小学校では教科担任制が採用されることが既定路線となり、中学校では部活動の地域移行の話題が出てきています。「教師の仕事イメージ」がこれまでとは大きく変わっていくことが予想されてます。生成ＡＩの隆盛や、東欧・中東から発した、不安定さを増す世界情勢も教職に及ぼす影響が大きいでしょう。

いわゆる「ＶＵＣＡ」の時代です。平たく言えば誰もが「どうしていいかわからない」時代です。すると問題意識に上ってくるのが「どうしたらよいか」という問いです。この言葉は内田樹氏の言葉の借用となりますが、「どうしたらよいかわからないときに、どうしたらよいか」。こんな難問に向き合うことを求められているのが令和の時代の教師なのかもしれません。

本書は、折り返し地点を過ぎた一人の教員が、自身の歩みを語っていく体裁をとっています。前半は書き下ろしであり、後半はインタビューの文字起こしから成っています。教職を志したきっかけから始め、師匠との出会いと、学び仲間との歩みや、自身に訪れた転機、そして出会ってきた子どもたちとのエピソードを率直に、正直に開陳しています。

読んでいただければ伝わると思いますが、私はとても移り気な性格です。興味をもったものには没頭してしまい、周囲が見えなくなることがあります。かと思えば、突然別のことを始めてそれまでに熱中していたことは忘れてしまうという多動な傾向があります。言ってみれば、「変化の激しい時代に、変化の激しい教師がどう生きたか」という記録でもあります。参考になることがあれば嬉しいですが、疑問に感じたり違和感を覚えたりする箇所もたくさんあることと思います。それはそれで著者として嬉しい反応です。「鏡」としての役割を果たしたことになりますから。

私が中学生だった頃、ＫＡＮの「愛は勝つ」が大ヒットしました。この曲が収録されたベストアルバムの一曲目は「めずらしい人生」です。一介の田舎教師に過ぎない私が半生を語った本が刊行されるなど、想像すらできなかったわけで、まさに「めずらしい人生」だな、と感じます。

40代も終わりに近づいた現在でも全国の仲間とセミナーや学習会を企画したり、雑誌に実践を発表する機会を頂いたりと、これも「めずらしい人生」であるとの思いを強くする近況です。しかし、それ以上に出会ってきた子どもたちや同僚、保護者の皆さんや研究仲間のおかげで「すばらしい人生」を過ごしています。

そして、誰にとっても「終わりある人生」であることは確かな現実です。これからも私は私の人生の終わりに向かって歩き続けます。本書から、読者の皆さんがなんらかの刺激やヒントを引き出していただけたなら、こんなに嬉しいことはありません。

それでは、少し長くなりますがよろしくお付き合いください。

藤原友和

目次

第2章　床と仲よくなる　〈子ども理解編〉

第1章 教師の力量形成編

私をつくったつながり

教師になろうと思った日

クラスの子どもにたまに聞かれることがあります。

「先生は、どうして先生になろうと思ったんですか？」

そういうとき、私は小学校の入学式の話か、中学校の担任の先生の話をします。もう少し具体的に言うと、二人の恩師の姿を語ることによって、自分の中に生まれた最初の職業観を伝えています。おそらく、その質問をした子どもは40年近く前の私と同様に、職業についての何らかの「観」を芽生えさせていることでしょうから「先生の場合はね……」と話すようにしています。

大した話ではないのですが、少々お付き合いいただければ幸いです。

大雪の小学校入学式

1984年4月6日。入学式を迎えたその日の函館は、季節外れの雪が降っていました。

いえ、「季節外れの雪が降る」などという風流なものではなく、歩く道の向こうが霞んで見えなくなるくらいの吹雪です。

真新しいランドセルを背負い、普段は見たこともないような固い布地の茶色のスーツ（たしか、ツイードの生地だったように記憶しています）に身を包んだ私は、父に手を引かれて小学校の門をくぐったのでした。

実は、小学校の入学式であるこの日は、私の弟が生まれた日でもありました。末子である弟の誕生日と、長男である私の小学校入学式を同日に迎えた父の心中はまったく落ち着かなかったのではないかと想像します。吹雪の日に生まれた弟は〝ヒロユキ〟と名付けられました。以後の藤原家は新入学児童と幼稚園児である次男、そして新生児がいるという、なんとも賑やかな家になります。

さて、体育館での入学式を終えた私たちは担任の先生に連れられて教室に戻ってきました。そして担任の自己紹介が行われます。果たして、担任の先生のお名前は高谷幸宏先生でした。そう、弟の名前が〝ヒロユキ〟で、初めての小学校の先生が〝ユキヒロ〟だったのです。

「あー！　ボクの弟に似てる！」

1年生の私が少し興奮しながら叫んだとしても不思議ではありませんよね（と、同時に体育館でも校長先生から担任の先生のお名前も聞いていたはずと思うのですが、おそらくそのときは聞き逃していたのでしょう)。

そんな私の言葉を高谷先生は「そうか、君の弟の名前はヒロユキというのか。ヒロとユキを反対にしたら、先生の名前になるな」と私の顔を見ながらニッコリしました。私はなんだかうれしくて、何度も何度も頷きました。と、同時に恥ずかしくて照れ笑いをしていたような気もします。

入学式でのこの様子を見た父はえらく感動したそうです。毎日晩酌を欠かさなかった父は酔ってくるとこの話を何度もしたものでした。「小学校の先生とは大したもんだ。特に1年生の先生は偉い。先生がいいと言えば子どもは信じる。先生の言ったとおりに子どもが動く」。

子ども心に、私の素っ頓狂な叫び声を受け止めてくれた先生の優しさ、あのときの柔和な表情はもう私の心を捉えてしまいました。入学式ですから、当然、高谷先生はスーツでビシッと決めています。そして父が褒めるわけです。私はもうそのときに「大人になったら先生になる」と決めていました。

＊

この話を聞いたクラスの子どもの反応は大体二つに分かれます。多いのは「へえ、そんなあっさりした理由なんだ」というものです。分別がついてきて、いくつもの分かれ道で迷い、時には挫折しながら……というようなドラマチックな展開を期待していた子どもたちは、どうやら肩透かしをくったような気持ちになるようです。それはまぁ、納得できるような気もします。「スーツ姿がかっこよかったから」「父が褒めていたから」なんて、テレビ番組のヒーローに憧れる気持ちと変わるところはありません。しかし、「きっかけなんてそれくらいのことでもいいということだよ」と、子どもたちには伝えています。

そして、かなり数が少なくなりますが、「子どもの頃からの夢を叶えたんですね！」と目を丸くさせて驚いている子どももいます。人は成長の過程において様々な経験をし、価値観も変わり、周辺の環境も変化します。だから、子どもの頃の夢を持ち続けるということはそれほど簡単なことではない、というわけです。

おそらく、こういう反応をする子は、大人になったら就きたい職業があるのでしょう。そして、夢が叶うかどうか自信をもてずにいるのかもしれません。そして身近な大人である私が「叶えた人がここにいるよ」ということに励まされたのではないかな、と勝手に想像しています。

兎にも角にも、私が「学校の先生に、俺はなる!」と心に決めたのはこんなに単純な物語だったのでした。

転校した先に

もうお一人、私の将来を考えるにあたってどうしても外せない先生がいます。中学校のときの担任だった井上文子先生です。

私は高谷先生が迎えてくれた小学校に5年生まで在籍していました。そして、六年生に進級するというタイミングで道内の別の市に転校します。当時、単身赴任していた父のもとに家族が向かったのです。そして、2年半。父の仕事の都合でまた生まれ育った函館に戻ってきます。中学2年生の九月、三連休の明けた月曜日からの転校でした。そしてその日は転校先の中学校の文化祭前日でした。転校生がどさくさに紛れてクラスに入るには最適なタイミングだったかもしれません。

転入先のクラスの担任が、数学教師の井上文子先生でした。生徒会担当、女子バスケットボール部顧問だった井上先生はとにかく明るく、生徒のことを気にかけてくれる先生でした。前の中学校で、数学に躓《つまず》いていた私は知的で朗らかな井上先生のお人柄がそのまま表れたような授業に夢中になり、成績がどんどん上がっていきました。

　言い訳になりますが、前の学校で数学に躓いたのは、先生との相性が原因でした。いえ、先生に責任はないと思います。私の青臭い正義感のもって行き先を間違えたのです。というのも、当時のクラスにはいじめが起こりやすい雰囲気があり、授業中に指名された私の友人が答えようとした瞬間に、冷やかしの声が上がったのです。それも全学年の文化祭で演じた劇の台詞を揶揄するような陰湿なものでした。それを諌《いさ》めるはずの先生が（おそらくよく事情がわからなかったのでしょう）、少し笑ったのです。途端に教室は爆笑に包まれ、私の友人はひっそりと泣いていました。私はものすごく怒ったのだと思います。しかし、それを止めることもできず、私がしたことと言えば、「その先生の授業を聞かない」という幼稚なものでした。その結果、成績は下降線を辿ります。なんといっても半年間授業を聞いていないのですから。

　今思えばなんとも失礼な話です。友人を救うこともできず、傍観者にできる精一杯の抵抗のつもりで選んだ行動がそれだったのですから、どうしようもありません。

　そのような私がどのような中学生だったか想像に難くないでしょう。理屈っぽく、幼稚で、好き嫌いの差が大きいという付き合いづらい人間だったと思います。しかし一方で、転校先のクラスにすぐなじむような社交性もあり、お調子者でもあります。要するに不安定でどこかあぶなっかしい子どもでした。そして、中学生というのは多くがそのような不安定さともろさ、葛藤を抱えているものです。

当時のクラスには様々な家庭環境の仲間がいました。ちょうど校内暴力が吹き荒れた80年代の最後の残り香が消えようとしている時期です。いわゆる〝ツッパリ〟ファッションのクラスメイトもいましたし、家出生活を送っているような子もいました。かと思えば、ホテルの経営者の子息もいれば、大企業の令嬢もいます。一筋縄ではいかない、というのはどのクラスも一緒だったと思いますが、不思議と荒れたクラスはなかったように思います（のんきな私が気がつかなかっただけかもしれません）。先生方は仲がよいように見え、どの授業も面白かった記憶があります。

井上先生は、誰に対してもその生徒の将来をまっすぐに考えて接しているような先生でした。よくご自身の学生時代の話をしてくださいましたし、中学校を卒業した春休みには、高校の数学の宿題を相談しに行った私たちを快く迎えて、時間を取って教えてくださいました。教員になった今ならわかるのですが、春休みの勤務時間に時間を取って卒業生の面倒をみてくださるなんて、なんと器の大きな先生だったかと思います。そして、私の非常識ぶりも恥ずかしく思い出します。

井上先生は、先ほど述べたように授業もとても楽しく、力をつけてくださるものでしたが、それとともに特別活動にも力を入れられていたことを思い出します。当時、深夜番組でＮＢＡの試合のダイジェストが放送されていました。ちょうど、バルセロナオリンピックに参加した米国のチームが「ドリームチーム」として注目を集めていた頃です。〝マジック〟・ジョンソン、マイケル・ジョーダン、ラリー・バードといった今ではレジェンド級の選手達がオリンピックを席巻した時代です。体育の高橋道夫先生（後に私と同僚になります）が体育の授業でＮＢＡの試合を見せてくれたことや、ちょうど学校五日制の試行期間でもあり、土曜日に開放された小学校の体育館という練習環境も重なって、クラスの男子の間ではバスケットボールが一大ブームとなっていました。クラスレクをやるというときにも、男子生徒の希望がそこに集中するのは自然な流れです。男子はバスケ、女子はバレーボールといったクラスレクを企画しては先生も一緒に汗を流す時間がありました。

と書くと、「まぁ、よくある仲良しクラスだよね」と感じられるかもしれませんが、一つ、ここには背景となる事情がありました。中学3年生だった当時、受験を控えていることもあり、テスト、テストの日々の中でクラスレクに割ける時間はほとんどなかったのです。学活は「受験勉強の計画」か「合唱祭の練習」にあてられています。

そのような中で、どうやってクラスレクの時間を捻出したのか、ですよね。私たちのクラスで出した答えは、そして井上先生が許してくださったのは、「朝早く来て体育館を使う」

というものでした。
教員の労働時間が問題となっている現在では考えることができない話です。勤務時間開始の前に朝の運動に付き合ってくださるのみならず、今ではわかりますが、井上先生は職員室でもそうとう気を配って調整してくださったのでしょう。7クラスある学年の中で、朝早くのレクなど企画・実行したのは私たちのクラスだけですから。当時はまったく気がつかなかったのですが、井上先生がいかに生徒の主体性を重んじたのか、クラスとしてのまとまりを大切にしたのかということに思いを馳せると、師恩への感謝と尊敬の念は尽きません。

*

この体験が私にもたらしたことは「願いは叶う」という実感、「本気で付き合ってくれる大人がいる」という安心感だったように思います。教員になった私はその後、地域教材の開発や、総合的な学習の時間を中心としたカリキュラム・マネジメントを楽しく感じるようになりました。また、学級担任として学級会の話し合いやお楽しみ会の企画を喜んで進めるようになりました。その原体験として井上先生との1年半があることは間違いありません。授業で力をつけること、特別活動において子どもの願いを実現することが私の教職生活においても重要な地位を占めています。

さて、ここまで教師になろうと志したトモカズ少年の10代の記憶を遡ってきました。後に再会したとき、高谷先生も井上先生も教師になったトモカズ少年の成長を心から喜んでくださいました。まだまだお二人の足下にも及ばない教員ではありますが、授業を楽しみ、学級経営に夢中になれる素地のようなものは、お二人から受け継いで私の中で生きていることを実感しています。

メンターとの出会い

目指したモデル、努力の方向性

前節まで、10代のトモカズ少年が、どのようにして教職を志すようになったのかについて小学生、中学生時代の恩師とのエピソードをもとに語ってきました。ここから駆け出し教員としての私がどのように歩んだのかについて述べていきたいと思います。

私が教師として歩み始めた平成12年度は、2年前に告示された学習指導要領が全面実施される「2年前」にあたります。つまり、告示から全面実施まで4年という期間が設定されていました。直近2回の学習指導要領改定における移行期間が2年間であったことを踏まえると、ずいぶん余裕をもった設定に思えますね。それくらいの余裕をもって実施に向けた準備を進める必要があったのだと思います。

「平成10年度版学習指導要領」では、学校五日制が導入されることになっていました（そう、かつては土曜日にも学校の授業があったのです）。それから「総合的な学習の時間」が開始されたことも大きいです。加えて、年間総授業時数が削減されました。つまり、新しい教科（正しくは「領域」ですが、）ができたにもかかわらず、年間の時数が減っているという大胆な改革がなされたわけで、当時の学校では教育課程の編成に多大な労力がかけられていたのだろうと想像します。

また、民間教育研究会の動向に目を向けると、「教育技術の法則化運動」は21世紀になったら解散するという規約を定めていましたので、この年（平成12年＝西暦２０００年）はこの運動体の最終活動年でもありました。

私の置かれた環境はといえば、初任校である江差町立日明中学校は、あと2年で統合されることが決まっていました。他の多くの学校の先生は新しい指導要領を学校で「始める」ための仕事をされていましたが、私は教員としての最初の2年間を「終わる」ことに向けて経験していたともいえます。ですから、学校五日制に向けた準備も、総合的な学習の時間をデザインしていくための動きも、どこか人ごとのように感じられていたことは否めません。

もちろん自分なりに勉強しなければならないなとは思っていたのですが、見通しをもちようがないので、漠然とした不安を心の片隅に抱えながらも、毎日の授業は楽しいし、サッカー部の監督になりたくて選んだ中学校の教師という道も、野球部しかない学校で慣れないキャッチボールも段々と面白くなってきたし、とあまり深くは考えないままで幸せな毎日を送っていました。

少し話は戻りますが、高校卒業後に私が教員になるために進学した北海道教育大学函館校には、教育界のビッグネームが着任していました。「国語の名人」として教育技術の法則化運動のスターだった野口芳宏先生です。千葉県の小学校の校長を定年でご退職された後、請われて教員養成の職に就いた野口先生は、私が初めて受けた大学の授業の先生でもありました。月曜日の第一講、「初等国語科教育法A」の授業です。野口先生の授業がどのようなものであったか詳しく立ち入ることはしませんが、多くの書籍や映像に残っているそのままの授業です。発問一つで反応が分かれ、「なぜそう思うか」、理を深く掘り下げていくという授業です。「脳みそに汗をかくほど考える」という経験を大学の講義で味わった私は、やがて野口先生に憧れていきます。教育実習を終えてからは、どこかの学校の公開授業で野口先生が示範授業をされると聞くと参加し、同期の友人が野口先生のゼミで市内の学校の先生の授業記録を取ると知っては同行させてもらうようになっていました（私は古典文学ゼミだったのですが、卒業論文の合間に野口先生の〝追っかけ〟をしていました）。

そして、当時は倍率10倍という狭き門であった教員採用試験を突破し、運よく中学校の国語科教員として採用されることが決まりました。私は、卒業式の後の謝恩会で野口先生に次のように〝お願い〟をしました。

「野口先生、せっかく採用されたものですから、勉強を続けて力をつけたいです」

こんな殊勝な言葉が、私自身の中だけから出てきたわけではありません。国語科の内部だけで行った卒業記念懇親会の席上、野口先生が「人間は〝まで〟の努力は誰でもする。しかし、〝から〟の努力をする人間はほとんどいない」と言ったことを覚えていたのです。そして、右も左もわからない初任の私は、野口先生の言うとおりにしていれば「力のある教師」になれると半ば本気で信じていました。早い話が「受け売り」です。

もちろん、今ではそれも一つのアプローチであり、教職生活の歩み方は十人十色であることを知っています。また、「力がある」という言葉の中身が時と場合によって変わること、自分の個性と子どもたちの実態とがマッチするかしないかにも左右されることがわかっています。しかし、駆け出し当時の私は世間も知らず、現場も知らず、自分自身の人生だってどうなるかわからないままで、情熱だけはありました。その「正義」のままに行動することがよいことだと信じて疑わないという、まぁ、どこにでもいそうな理想主義の若者だったわけです。

＊

さて、そんな「痛い」若造に対してでさえ、野口先生はまっすぐに対応してくださいました。私の初任地は北海道の南西部、檜山支庁（現・檜山振興局）にある江差町でした。その隣にある乙部町立乙部小学校で教鞭を執られていた晴山泰文先生をご紹介くださったのです。

晴山先生は乙部小学校で学級担任として日々奮闘する傍ら、休日には当時「鍛える国語教室・全国統括ゼミ」が置かれていた札幌市で行われていた学習会にも足繁く通っていらっしゃいました。その縁で野口先生が私を晴山先生とつなげてくださいました。

さて、晴山先生と繋がることができた理想主義の若者は何をしたのか、というと「勝手に指導案を送りつける」というものです。本当に今考えるととんでもない話です。まず、私は教育技術の法則化運動の代表である向山洋一氏の『授業の腕を上げる法則』を忠実に実行してみようと思っていました。「研究授業100回」などの目安となるいくつかの視点が示されています。研究授業100回も、すぐ到達したかったんですね。それで月1回指導案を書いて、授業をやって「こんな授業しました」っていう報告を、晴山先生にお手紙を書いて送った、というよりも送りつけたわけです。それに毎回（野口芳宏先生の教え子だっていうことで）、コメントをいただいていたんですね。

晴山先生という方は本当に優しい方で、新卒教師の4月、5月の授業なんていいわけないのに、「こういうところがいい」と見つけて褒めてくれるわけです。褒めてくれるからうれしくなって、また書く。また褒めてもらえる。そういうサイクルが1年続きました。

＊

そうこうしているうちに、その年の5月に野口先生の学習会が札幌市で開催されました。札幌市は私の住んでいる江差町からは車で6時間ほどかかるところです。往復12時間ということになりますが、晴れて現場で働き始めた私は、半ば高揚感に突き動かされるように参加します。この学習会の主宰は「鍛える国語教室」研究会札幌ゼミです。森寛先生という中学校の国語の先生が代表をされていました。札幌ゼミは、当時、札幌市の中学校の国語教師だけで組織されていた「研究集団ことのは」というサークルが担っていました。代表は堀裕嗣先生です。つまり、同じメンバーながら、「札幌ゼミ」の代表は森寛先生、「研究集団ことのは」の代表は堀裕嗣先生が務めるという体制をとっていたわけです。私は野口先生の教え子だということで、そこに集まっている法則化で学んできた先生たちに、とても好意的に迎えられ、名前と顔を覚えてもらいました。

そして学習会の休憩時間には森先生から、「夏休みに2泊3日の合宿があるけど、来るかい？」と誘っていただいた私は、あまり深く考えることもなく参加を即決していました。そしていよいよ夏休みです。初任の1学期を終えて、千歳市で行われた野口先生の研究会に意気揚々と参加させてもらいました。

その合宿で私は現場の実践研究に燃える先生方とのご縁をいただくことになります。全国各地、南は鹿児島から北は北海道まで30人ぐらいの先生方が集まり、模擬授業や講座が次々に展開されていきました。その内容はまさに圧巻。こんなにも現場で研究に熱をもっている先生方が集う場があるのかと圧倒されました。

さて、その少し前に、現在も「鍛える国語教室」の仕事をされている柳谷直明先生という方と出会います。学習会を企画されていた堀裕嗣先生と森先生は中学校の先生です（その当時は私も中学校の教師でした）が、柳谷先生は小学校の先生で、柳谷先生が論文を送ってくださったり、研究会に誘ってくださったりしていました。

その柳谷先生に、晴山先生にずっと送っていた指導案と返事を、一冊のファイルに綴じたものを見せていましたところ、それがなぜか堀裕嗣先生の手にあり、「『研究集団ことのは』に入りなさい」ということで入れていただく運びとなりました。

そこから月に1回札幌に通う日々が始まります。往復12時間の旅です。「研究集団ことのは」の例会は土曜日の13時に集まります。当時は堀先生が勤めていらっしゃった中学校や、別のメンバーの勤務校である中学校などに13時頃に集まって、終わるのが翌朝4時です。ずっと模擬授業の検討をしたり、論文の原稿を検討したりという活動に参加させていただきました。明け方まで議論した後に堀先生のご自宅で仮眠をとらせていただいて、また6時間かけて帰るわけです。この往復の12時間は何度も何度も自分の提案やフィードバックをいただいた内容を振り返る貴重な時間でした。

私も新卒ながら、いろんな原稿を書かせてもらって、温かくも、非常に厳しく鍛えてもらいました。今でこそ駄目出しではなくて「ポジ出し」みたいな言葉もありますが、当時は言葉を選ばずに言うと、そんなぬるいものではなかった。本当に一からたたき込まれたという感じです。

＊

そんな生活が1年ほど経ったときに、小さな研究会で登壇などもさせてもらうようになりました。登壇させてもらっては、またいろいろご指導をいただいて、へこみながらも通っていました。そこに石川晋先生（現・授業づくりネットワーク代表理事）も来ていたんです。石川先生は、『授業づくりネットワーク』という大会を北海道でやっておられ、参加者100人も200人も集めてしまうような方です。事務局は旭川の教育大の出身者や、いろいろな研究会の仲間たちとやっていたように記憶しています。

堀先生は野口先生を旗印にしながら、100人を超える参加者を集めた『「鍛える国語教室」研究大会「札幌冬の陣」』などをやって、宇佐美寛先生（千葉大学）、小森茂先生（当時、文部科学省教科調査官）、河野洋輔先生（同）、大内善一先生（当時、秋田大学）、高橋俊三先生（当時、群馬大学）といった錚々たる研究者や教科調査官たちを集めて、大きいイベントをやっていました。そしてそのイベントのつくり方、研究の進め方や教育運動のもち方などを、石川先生と堀先生とで夜を徹して議論してるんですね。私は堀先生の家に泊めてもらいながらそのお二人の話を小さくなって正座して聞いていて、「教育研究の場って、こんなに熱いんだ」と思っていたのでした。

転機

このままずっと毎月札幌に通って、ここで力をつけていくのかなと思っていたのですが、その頃私に子どもが生まれました。その子はダウン症でした。

「私は、『ことのは』に通うつもりです」と自らの家庭事情も顧みずに言ったのですが、堀さんは「おまえが今やるべきことは家族と向き合うことだ。1年間、ことのはに来るのを禁止する」とおっしゃいました。

私はずっと「研究集団ことのは」の例会に通うために、本を読んで、実験的な授業をして、レポートを書いて、論文を書いてという生活に満足していました。それって教師としての仮面をかぶるのではありませんが、「教師という仕事を一生懸命にやって、こんなことまでしている俺、偉い」みたいなおごりがきっとあったと思います。

だけど子どもが生まれて、その子が障害をもっていたときに、自分が何者であるかという社会的にラベリングした名前なんてもはや何も意味がなくて、この子どもと、そしてその子どもを命がけで産んでくれた妻と、家族としてどうやって生きていくんだろうっていうことを考えざるを得なくなります。しかも自分では気がつけず、師匠に叱られてわかるという体たらくです。いかに未熟な人間だったかということです。それを喝破された、というわけです。

そうこうしているうちに石川先生が、『クシュラの奇跡』という本を送ってくださいました。複雑な重い障害をもって生まれたニュージーランドの少女クシュラという子どもの実話です。こういうふうに健やかに育っていったら、というドキュメントのような本を送ってくださったんですね。それを読みながら「ありがたいな」と深く感謝しました。研究の全然一線までも行ってなくても、活発にやっている場から1年も離れていても、ちゃんと覚えてくれているんだなということに温かみを感じながら、時が過ぎました。

＊

その後、石川先生が、旭川で「授業づくりネットワーク」の大会で道徳をやるということになりました。当時の道徳は今のように教科化されておらず、みんながやるという感じの話ではありませんでした。道徳をやるというと、修身の復活を危惧する方面からの非難の声が上がるという状況も一部にはまだあったのではないでしょうか。

そういった状況の中で石川先生が「授業づくりネットワーク」の企画の中に入れたのは、東京大学の藤岡信勝先生が旗を振っていた自由主義史観による授業づくりと、それに対置する形でいわゆる左派的・進歩主義的な道徳の授業づくりを対置する形での講座です。石川先生は、「右も左も同じ場所に呼んで、一緒に何かを考えたらいいじゃない」というような場づくりを構想されていたのではないかと思います。信念対立のような構造になっていくのは運営的には非常に難しかったとは思いますが、でも、きっと必要なことだったのでしょう。

ある年のそんな大会を経て、私に声をかけてくださった年には、再び道徳をテーマにして土作彰先生、佐藤幸司先生をお呼びして、北海道で100人、200人と集める大会をやりました。そこで、「藤原君、道徳の授業をやらないか」と誘ってくれました。そんな大舞台で授業するなんてことは考えたこともありませんでした。「ああ、久々、そういう研究の場で何かやらせてもらえるんだな」と思いました。

堀先生に「授業をすることになりました」と報告したところ、「研究集団ことのは」の例会で、検討してくれるということになったのです。最初はサトウハチローという詩人の詩を使って、「おかあさん」というテーマで授業をしようと思ったのですが、堀先生からは「いや、おまえがやるのは、自分の子どもとどう向き合ったか以外ないだろう」というふうにおっしゃっていただきました。それは「考えてきたことを出せ」という意味だったと、今は思っています。

どうしようかなと思って、困った私がしたことというのは、妻が出産するまでつけていた日記を、ただただ読み上げるというだけの、そういう授業でした。

なぜそんな授業をしたのでしょうか。正直なところ、自分の子どもが生まれてきたときに、「どうして私のところにこんな子どもが生まれてくるんだ」と思ってしまったんです。自分の中では子どもの理想像があって、一緒にサッカーして、勉強も教えて、いろんなところに連れて行こうと考えていたのでした。しかし、障害をもってるわけだからそれはかなわないわけです。今思うと、自分の理想を子どもに押し付けていただけで、子どもを何も見ていない。私はそういうふうに考えてしまっていたんですね。

でも妻は、障害をもっていることをお医者さんに言われたときに、「どうして私の子どもがそういった重荷のようなものを背負わなきゃいけないんだ」と泣いているわけです。「私のところにこんな子どもが」と私は思ったけれど、妻は子どもに対しては全肯定でした。その子どもが背負っているものを、「どういうふうに受け止めていってあげればいいのか」ということを考えていました。人としての格がちがいます。

そういうことを授業の中で日記を読んでいくと伝わるわけです。会場のあちらこちらですすり泣きの声が聞こえてきました。会場の皆さんはすごく好意的に受け止めてくれたのですが、やはりそこは授業です。土作先生も佐藤先生も、「ここは授業を検討する場だから、授業としてどうなのか」ということを割とズバッと切ってくれました。「こういうところが授業として駄目だ」と。

普段の例会のときから「駄目」と言われ慣れているので、「あ、駄目なんだな」と素直に思いました。駆け出しの頃のことを振り返ると、野口先生に憧れて「いつか自分もああなりたいな」と思い、そうなれると無根拠な自信があったわけです。自分に酔うようにして毎月札幌まで、6時間かけて行って、徹夜して勉強して、また6時間かけて帰ってくるという行動。これはたんに自分に酔っていたんですね。酔っていたのだけれど、「ああ、このままじゃ通用しない」という現実もちゃんと見せてもらいました。

教育という仕事をしていくにあたり、まず生身の人間としての器、こっちのほうが大事なんだということを教えてもらいました。自分の芯の部分をつくってもらった経験でした。

ファシグラとの出会い

ここまでは、言わば「ライフヒストリー」を書いてきました。研究者の藤原顕さんという方が、「ライフヒストリー・アプローチ」という研究手法を提案し始めた時期がありました。特異な実践をしている人たちの実践史をひも解いていけば、それを読んだ先生も面白い実践ができるヒントが得られるのではないかという質的研究です。

それを「研究集団ことのは」で、やってみようかという話になりました。「研究集団ことのは」は、毎年1月、正月明け直後ぐらいに長沼温泉で2泊3日の合宿をやっていたんです。最初のライフヒストリー・アプローチということで、石川晋先生と堀裕嗣先生が実験台になりました。

「誰か書記をやれ」という話になり、当然一番下っ端の私が担当になりました。先に堀先生が語り始めて、それをワーッと全部書いていきました。「一言も漏らさず書かなきゃ」っていう、異様なプレッシャーを感じながら書いていきました。それは「書き過ぎだ」「そこは書かなくていい」みたいなことを堀先生が言ったのですが、森先生が「いや、ちょっとこのまま続けてみて」と。どのくらい話したのか、30分、1時間ぐらい話したものを、ホワイトボードにびっしり書いていたんです。石川先生の話も同じようにびっしり書いていきました。

「なんかわからんけど、おまえの書いているこれはいいな」という話になりました。私はただ「書け」と言われたから書いていただけなのですが、そうして書かれたものを見て、いろいろしゃべるのが何か楽しいというか、それぞれに触発されるというか、発見したことがあったのでしょうか。それを「研究集団ことのは」内部の学習会としてではなく、イベントとしてやろうということになりました。いろいろな人を呼んで、「ライフヒストリー・アプローチ」のインタビューをしていくという学習会をつくり始めたんです。

それも模擬授業とセットです。模擬授業で自分らしい授業をしてもらい、その後にライフヒストリー・アプローチのインタビューでひも解いていく。

そこでスピーカーとして招かれたのが、「見たこと作文」を提唱した上條晴夫先生であったり、「北の教育文化フェスティバル」代表の山田洋一先生だったりしたわけです。そういう人たちがインタビューされているところを、ずっと横で書いていきました。すると、私の函館での研究仲間の山寺潤という教師から、「藤原君、これはファシグラかい？」と聞いてきくれました。私は「ファシグラ」が初耳でしたから、「ファシグラって何だい？」と聞き返しました。それが私のファシリテーションとの出会いであり、ファシリテーション・グラフィックを認識したときです。「ファシグラをやろう。できるようになろう」と思って努力したわけではなく、もともとやっていたことに名前を付けてもらったという感じです。当時「ホールシステム・アプローチ」という、大人数が一斉に学び合うための手法に注目が集まっていました。現在・東京大学教授の鈴木寛さんを中心に「熟議カケアイ」が政策決定の場にも導入され、学校教育の世界でも「知識構成型ジグソー学習」や「ワールドカフェ」が流行の兆しを見せていました。実践研究をしている仲間の中で少しずつファシリテーションの認知度が上がっていた時期です。

そして、幸運なことに企業研修をやっているプロのファシリテーターの岡山洋一さんが「研究集団ことのは」と交流があった縁で、「ファシリテーション・グラフィックというのをやっています。何かアドバイスあったらお願いします」など、割と気軽に相談できる環境がありました。すると、「なかなかここまで書ける人はいない。うまいとか下手とかじゃなくて、書き続けられるってことが大事なんだよね。プロの場でも書き続けられる人が重宝されるんだ」とフィードバックをいただき、「ああ、なるほど」と。私はサッカーをずっとやっていて、体力だけはすごくあったからいいんだと。そう思って自信をつけて、たくさん書くようになっていったのが、ファシリテーション・グラフィックとの出会いでした。

授業の名人、野口芳宏先生に憧れて始まった「教師修業の旅」は、ここで二つ目の転換点を迎えます。一つ目の転換点は、たくさん本を読んで、発信して、技術を磨いていった「やり方」から、長男が生まれたことをきっかけに、人間として、親として、家族としてどう生きていくか、教育という仕事にどう向き合うのかといった「あり方」への転換でした。

そして二つ目の転換点は、「授業観」の変化として現れました。すなわち、授業をつくる上でのスタートラインを教師主導の一斉指導から、学習者中心の協働的な学びのための環境構築へと舵を切ったわけです。

ここで少し補足すると、いわゆる「教師主導による一斉授業」と「ファシリテーションの考え方を取り入れた授業」では、根本にある考え方が異なります。もちろん、どちらかが良くて、どちらかが悪いということではありません。

前者は、「正解を知っている教師が、学習者にその正解を伝達する」ことを基本的な考え方としています。しかも、より速く、正確に、大量にその「正解」を伝達する教師がよい教師です。私が「授業技術を高めたい」と考えた背景には、そうした思想があったともいえるかもしれません。令和のこの時代に堂々とそんなことを主張すると、たくさんの批判の矢が飛んできそうですが、歴史的に俯瞰してみると、学校は制度の開始時点において、そのように設計されたものです。いわゆる「工場モデル」です。明治のはじめに日本の近代化を推し進めるための施策として当時の時代背景を考えると妥当であったのでしょう。戦後も基本的にはそのモデルは継続されていました。

さて、このようなモデルは、人口が増え続け、市場が拡大し続ける中では有効と考えられます。均質な労働力を安定して社会に供給する機能を担うことが学校の役割の一つなのだとしたら、あらかじめ決められた正解に向かって最短距離で到達することは決して悪いことではありません。

しかしながら、私がファシリテーションに出合った２０１０年代はそのようなモデルが限界を迎えたといわれて久しい時期でした。時の政権は民主党。強いリーダーが引っ張っていくのではなく、メンバーの熟議により「納得解」「最適解」をつくりながら目標に近づいていこうとするアプローチが評価され始めていました。

その頃に参加した、日本ファシリテーション協会の学習会で出合った言葉がとても印象的で、今でも覚えています。講師の方が自分たちの活動目的は「自律分散型社会の実現である」と言うのです。つまり、市民それぞれが、自分の住んでいるまちの中で、自分たちの幸せをそれぞれでつくっていくのだとする考え方です。

つまり、「そこにある答えをみんなで見つけていこう」という思想です。これは先ほど述べた教師主導による一斉授業の背景にある考え方とはまったく発想が異なります。ファシリテーションが授業観の転換に作用したというのはこういうことです。

そして、ファシリテーション・グラフィックができることは、私の経験の幅を広げてくれることにもなりました。本を出した直後から、様々な研修会から声がかかるようになったのですが、特に多かったのはまちづくり関係の依頼と、福祉関係の依頼です。

例えば公立はこだて未来大学の美馬のゆり先生が主導して展開している「はこだて国際科学祭」、そのイベントをきっかけにお誘いいただいた「道南摂食嚥下研究会」。とある病院のチームビルディングの研修を任せていただいたこともあります。どれもが教員の仕事だけをしていたら縁がなかったことですし、とかく教員が知らないと言われる「世間」の一端に触れることにもなりました。

校内でも様々な役割を任せられることになります。研修の記録やデザイン、PTA活動における対話の促進、児童会活動における合意形成など学級にとどまらない活用場面がひらけて行くことを実感していました。これは私にとって大きな自信につながりました。中学校から小学校に異動してきた私は、右も左もわからず、職場に貢献できているという実感もあまりないまま、悶々とした日々を過ごしていました。この経験が自信につながったのは、その気持ちの「裏返し」でもありました。

2人のメンターの「間」からの着想

インターテクスチュアリティ

ここまで、メンターとファシグラについてお話ししてきました。まず、メンターについて考える際に貫いていることがあります。それは、考え方、枠組みとしての「間（あいだ）」です。この間ということ自体も、堀先生から教えてもらいました。

哲学の話でいうと「インターテクスチュアリティ（間テクスト性）」という、ジュリア・クリステヴァという人の提唱した概念です。新しいもの、創造性というのは、性質のちがったものの2つの間に生まれる。ざっくり言うとこのような考え方です。たとえば、ノートパソコンと携帯電話の間にスマートフォンが生まれるわけですね。ここでいう性質のちがったものというのは、石川晋先生と堀裕嗣先生です。

堀先生はずっと文学教育をやられています。たくさんのことを示していただきましたが、その中でも「きつねの窓の青を、図工の絵の具を使いながら自分の青をつくってごらん」

という実践を、小学校での教育実習でやったと話されていたのを今でも覚えています。五感を通して体験されたことと、言葉を通して表現されたものとをつなぐ授業です。ですが、そこで何をどう学んだのかということの説明がしづらいということもあると思います。そこで、これを機能させるのに自分には何が足りないのかと考えた結果、言語技術教育というものを自分にインストールしようと発想されたそうです。

逆に石川先生は、以前は教え込みの国語の授業をしていたそうです。ですが、それだとうまくいかないということがあったらしく、ワークショップ型授業という体験的な学習のフレームをインストールされていきました。

そのお二人自体が自分をメタ認知して、自分と性質がちがったものを入れているのです。その「間」に新しいものを生み出そうとしているわけです。

ただ、その元の出発点と、そして二人のベクトルが全然ちがいます。文学教師なんだけれど言語技術教育をインストールしている堀先生と、教え込みをやっていたけれどワークショップをやり始めた石川先生との間に私がいます。そして、ファシリテーション・グラフィックというのはちょうどその真ん中なのです。

色はどう選ぶか、どうレイアウトするか、色が横に広がるか、縦に深まるかというように、分析的にスキルを抽出するのは堀先生から学んだ言語技術教育です。一方で、ファシリテーション・グラフィックという名前が示すとおり、ファシグラが生きるような場所というのはワークショップで、参加者からのボトムアップで知恵をつくっていく場になります。ですので、その部分は半分が石川先生の影響です。つまり、私のファシリテーション・グラフィックは、二人の間に生まれたものなのです。

今の自分のセミナーのつくり方もすべてその発想です。渡辺道治先生と古舘良純先生を出会わせてみるとか、若松俊介先生と葛原祥太先生を出会わせてみるとか、その間に何が生まれるのか。「間」ということは、それぞれのやってることはちがうという認識が私の中にはあり、でもちがうけど共通点はある。これを「違いの中の同じ、同じの中の違い」という表現の仕方をしています。

越えられない壁

ところで、本書の執筆にあたり、「やっぱり藤原君はわかってないよね」と言われるのが目に見えています。「やっぱりおまえ、この程度か」と、堀先生に言われるなとも思います。私にとってお二人は絶対に越えられない壁です。そもそも越えるなんて考えたことすらありません。狙ってもいないです。無理です。そんなの、最初から。

守破離ということで言うと、堀先生も石川先生も別に私に何も教えなかった。「まねするな」ということだけは言われました。「おまえなりのものを持ってこい」ということをずっと言われていました。「これをやれ」なんてことは絶対言わない。すごく面倒を見てもらっていますが、「なんで面倒見てるかわかるか?」と聞かれ、そして、「いつかおまえが、おれたちを学ばせる日のために今やってるんだ」って最初に言われました。

だからやっぱり自分のオリジナルにこだわってこだわって、「最終的にたどり着いたのはこれでした」みたいな報告をしたら、少しは喜んでもらえるのかなという気はしています。まだ全然そんなレベルには達していないので、守破離の「守」にすらなってない感じです。

研究会を主宰するとか、セミナーをやるという意味での一人前の感覚とはちがいます。自分の「姿勢」というものを教えてくれたのは、示してくれたのは、あのお二人しかいないわけです。守破離という芸事の段階制とも少しちがうような気がしています。

堀先生と石川先生の間で、「藤原先生をどうしていこうか」という話はしてくださっていました。石川先生は私にどんどん登壇させようとしていたし、堀先生は「こいつはすぐ勘違いするから、まだ早い」とか、そういったことも考えていてくださいました。

いずれにしても、何でも好きなようにやっていいんだけど、その振る舞いについては、評価やフィードバックが来る。やること自体に対して怒られたことはないけれど、そこの考え方が甘かったりとか、言ってることとやっていることがちがう部分があったりとかは、厳しく言われました。

お二人がこの世界をどう見ているのかは、私にはまったく想像も及びません。すごいところを見ているんだろうなという気がしています。「同じものなんか見れない」というのが私の思いです。お二人が話されているのを横で聞いていると、どれほどすごい世界で生きているのだろうと思うのです。

「この指とまれ」で仲間と学び合う

教育サークル「LINKS」

私が初任から数年経った頃に立ち上げた「教育サークルＬＩＮＫＳ」というものがあり

ます。今は北海道で教育研究所のお仕事をしている山寺潤さんが代表のサークルです。私の初任地は檜山管内（北海道は十四の総合振興局に分かれています。そのうちの一つが檜山総合振興局です）の江差町で、江差町立日明中学校というところにいたのですが、その近隣の江差町立江差小学校にいたのが山寺潤さんです。

晴山泰文先生の縁で「マル道」という教育技術の法則化運動の流れをくむ道徳教育の研究団体がありました。そこに原稿を書いていた増川正志さんという、道南の法則化運動の中の重鎮がいました。その方が当時、上ノ国町立上ノ国小学校の教頭先生でありながらサークルを主宰し、若い先生たちが集まって学び合っていました。そこに集まっていた私の10歳上の三浦将大さんと北嶋公博さんと私の三人が、それぞれ転勤で檜山あるいは近隣の市町村からいなくなっても「教育サークルＬＩＮＫＳ」に集まっていました。

今は、北嶋先生は七飯養護学校の校長。三浦先生は教頭に昇任し、山寺先生は北海道教育研究所に入って、ヒラなのは私だけですね（笑）。とにかく若い頃集まって、厚沢部町《あっさぶちょう》という函館から車で1時間ぐらい走ったところの公民館で学芸員の方と一緒に勉強していました。

いろいろなセミナーを開くことになりました。堀先生たちを呼んで累積科学国語教育研究会というのをやったり、そこに当時は北海道教育大学函館校の長田友紀先生（現在筑波大学）をお呼びしたりしました。大村はま研究の第一人者である、国語教育の甲斐雄一郎という方の弟子で博士です。話すこと・聞くこと領域のトップレベルの先生で、アメリカの音声言語指導などを研究されています。その他、内藤一志先生という北海道教育大学の先生（学生時代の恩師です）を呼んだりして、サークルをやっていました。

また、石川先生が「北海道で大イベントはもうやらない」と言って、「山寺君、藤原君、私の人脈をつなげるからやってみないか」と言われました。そこで、函館で大きな大会を2回行いました。そのときにまた講師で多賀一郎先生を呼んだり、八巻寛治先生を呼んだりとか、そういうつながりが生まれたのが、地元の仲間でやった「教育サークルLINKS」です。若気の至りのような発信をして、先輩方にたしなめられたり、きちんと駄目出しされたりしながら学ぶ環境がありました。

だから今、エックス（旧ツイッター）で若い先生たちが、「ちょっと考えが足りないんじゃないのか」と思えるようなことを発信しているのを見ると、昔の自分を思い出して恥ずかしくなることもあります。「そういう時期は必要だぞ」とは思いますが、ネットの場でいきなりやるから、やはりすごくたたかれたり、変な影響力をもってしまったりして、おそろしいだろうなという気もします。まあ、この時代ですからね。

学びの輪　サークルはこだて

次に、「学びの場　サークルはこだて」というのが、北海道教育大学函館校の国語科の同期たちでつくったサークルです。今では函館の附属中の研究の中心になっている森谷剛先生や、国語教育研究会の幹事長になっている福崎梢先生らとともに立ち上げました。当時はみなが10年ぐらいたってやっと周りが見えてきたという時期でした。学校の中でも結構大事な仕事をやらせてもらうようになってきた同年代が、ここで集まってただ勉強会をする。でもそれだけだったら、まだかわいいものですが、いろんな研究会に行って、「あ、この先生、すごいな」という実践を見たりすると、「平日に休みを取って、その先生の授業を見せてもらいに行こう」なんてことを言い出すわけです。校長先生の許可を取って、先方の教頭先生にもお願いをして、平日に見にいく。そんなことをやっていました。

そういう活動の中で私の学校の渡邊敬夫校長先生が後ろ盾になってくれました。元附属小学校の先生でした。校長先生は、函館で生活科の授業が始まるというときに、附属小学校で面白い授業をたくさんやっておられました。全国からいろいろな人が見にくるのですが、そのときのエースだった実践家の先生です。そんな校長先生がうちの学校に来たものですから、いろいろやり出す中堅になりかけの藤原がもしかするとかわいかったのかもしれません。「やりたいことは全部やれ」と言ってくれました。防波堤ではないですが、いろいろな疑問の声をシャットアウトしてくれて、ずっとやらせてもらっていました。

このときから「この指とまれ」でした。いっぱい失敗もしたけれど、たぶん成功体験になっていると思います。「こういうことをやりたいんだけど、一緒にやらないかい？」と言ったときに、やってくれる仲間がいた。それから仲間と「こういうこと、やりたいよね」という話が出てきたときに、「それだったら、こうやればできるんじゃない？」と言って、実行に移せるようになっていたのです。

若い頃にいろいろな事務局をやらせてもらったりとか、機関誌をつくったり、チラシをつくったり、手紙を書くのも全然苦ではありませんでした。本当に丁稚奉公のように、下積みのときにいろいろ教えてもらったことが、独り立ちじゃないですが、誰かの下でじゃなくて、自分のやりたいことをやるとなったときに生きて働いたのだと思います。

研修担当者連絡協議会

そのような紆余曲折があった後、私は全校児童500人の学校に転勤し、最初の年は生徒指導部、次の年は保健体育部、3年目から研究部になり、4年目に研究部長になりました。自分の好きなように学校の研究を回して、分厚い「研究紀要」もつくって悦に入っていたのです。

それは37歳ぐらいのときだったでしょうか。その頃になると、自分の後輩も経験年数7、8年になってくるわけです。若くして研究主任を任されるという先生たちも出てきます。すると「藤原先生、どうやってやったらいいですか」といった問い合わせが複数、同時に来ることがありました。「ああ、みんな困ってんだったら、集まったほうが早いじゃん」となりました。そうして、研修主任だけが集まる会をつくって、「どうやって校内研修回してんの?」というのを、2か月に1回ほど集まってやっていました。

他校の分掌の人たちが集まる場というものはなかったので、すごく刺激ももらえました。それをネットで発信したら、「あ、自分もやってみたい」という人も出てきました。「じゃ、一緒にやろうよ」ということになり、大野睦仁先生、小林雅哉先生、戸来友美先生や、これまで別の研究会でご一緒していた人たちが集まってきました。やはり研究会に来る方は研修担当の人が多く、先輩たちがつくった学びの場でそれぞれの役割だったり、お客さんだったりしましたが、そういうのを取っ払って学校の研修の場を、どうやってつくっていっているのか、お互い交流しようよということで盛り上がりました。

函館で一回、洞爺湖のほとりで一回、千歳で、旭川で、札幌で、帯広でも開催しました。

全道各地にそういうサークルをつくっていきました。当時オンラインなどはなかったので、500キロ以上の距離を運転して出かけて行くのでした。

教師のライフコースと学習指導要領

筑波大学附属小学校やお茶の水女子大学附属小学校のように学習指導要領の方向性に影響を与える学校の中では、むしろ学習指導要領外をやって存在感を発揮していったほうがよいと思いますが、私のような公立の一教員は、学習指導要領に従って授業をするのが当たり前です。その中でやっているからこそ、仲間に向けて発信し、磨き合い、高め合うことができるのです。

私は民間の教育サークルのほか、函館市の教育研究会もいくつもやっています。函館市小学校国語教育研究会や、函館市小学校道徳教育研究会の研究部長も、生活・総合の研究会もやっています。そして、たまにお手伝いで、特別活動の研究会もするし、国際理解研や社会科研もやりました。そういうことなので、学習指導要領の勉強をするのは当たり前です。

大事なことは、公的な研究会をきちんとやるということだと思います。何か提案するときには学習指導要領の理解が当然で、学習指導要領の動向をフォローしていて当然の提案をしなければいけないわけです。中央教育審議会の教科専門部会の第10回の会議の資料にも、各教科で育てる言語力ということが言われました。第10回までは、道具教科としての各教科の学習の基礎となる国語、かつ認識の道具となる言語という記述が、第10回専門委員会から逆転しました。

つまり、道具言語観が前に出てはまずいというのが国語専門部会の議論だから、話し方、聞き方の「方」だけをやっていては駄目だと考え、その大会の提言資料をつくりました。公的な研究会の研究部の中でやったら、言わなければいけない。そうなると、押さえざるを得ません。資質・能力とは何かと考えたら、ＯＥＣＤも見なければいけない。公的なことはきちんとやります。

絵本×道徳

ここからは突発的な研究会のお話になります。研修担当者連絡協議会で登場した戸来友美さんの企画からいろいろなことが動き出します。戸来先生は絵本が大好きです。そして、僕や絵本を好きそうな人たちをFacebookグループにどんどん入れていくわけです。メッセンジャーをぱっと開いてちょっとびっくりしました。「何、これ？」と言ったら、「いやあ、絵本好きでしょ？」と言うわけです。楽しそうなんですよ。それで、「よろしくお願いします」となるのです。

でも、「ちょっと待って。いろいろ約束事を決めないと大変なことになるから。特に絵本の表紙とかをシェアするのだって、著作権のことがいろいろ難しいから、ちゃんとプロの人に聞いてみよう。絵本セラピストの友人がいるから、その人もグループに入ってもらって、いろいろ教えてもらおう」ということになりました。山田貴子さんという苫小牧で絵本セラピストの活動をされている方に入ってもらいました。戸来先生も社交的な人だから、「みんなで集まろうよ。私ん家おいでよ」と自宅を開放して会を開いてくださいました。それこそグループに入れた仲良したちを、みんな戸来さんの家に呼んで、戸来さんが自分の学校の後輩にスタッフをしてもらいながら、料理をつくってホームパーティを始めたんです。そこに大野睦仁さんも来ていました。

その後、多賀一郎先生の絵本の話に戸来さんがすごく感動し、「多賀先生を絶対北海道に呼びたい。藤原さん、慣れてるでしょ、そういうの手伝って」。そう言われて手伝ったのが絵本の会で、ここではまだ道徳は入ってきません。せっかく絵本セラピストの人がいて、カウンセリング的なテクニックも使いながら絵本を楽しむことをしてきたので、「ああ、

『絵本を使って道徳の授業をつくる』というフレームで、何かいろいろ楽しくできたらな」と思って動き出したのが「絵本×道徳」の会でした。

ところで、石川晋先生のお母さんは、北海道の家庭文庫の草分け的な方だったので、家にも何万冊も絵本があって、いろいろな人が入れ代わり立ち代わり遊びに来ます。しかも、その中に原作者の方がいたりします。本当に偶然なのですが、私の中学校のときの親友である岸本くんのお母さん、岸本和子さんが石川晋先生のお母さんと大親友だったのです。「銀のふね」という読み聞かせサークルを、岸本さんがやっておられました。そこで岸本くんに、「サブちゃん（岸本くんのニックネーム）のお母さんに『絵本×道徳』の会に来てもらえないかい」と頼みました。そうして、講師として来てもらい、戸来先生や、研修担当者の会でご一緒していた鹿野哲子先生や大野先生にも来てもらい、函館で「絵本×道徳」の会を開催しました。

ここまでいくつかのサークルをご紹介しましたが、メンバーは一緒なんだけどテーマはずらすとか、テーマは一緒なんだけど仲間はずらすというようにしながら、リゾームのように広がっていったのです。

グラフィッカー・フェスティバルin蝦夷

最後が「グラフィッカー・フェスティバルin蝦夷」です。私の『教師が変わる！ 授業が変わる！「ファシリテーション・グラフィック」入門』という本が出たのが33歳くらいのときです。面白がってくれる先生が多くて、やはり見た目にもインパクトがあるし、使えそうということもありました。それならば、グラフィックをやっている人たちで集まろうと考えました。これまで研究会をやると、グラフィックを描く人はいつも添え物みたいな感じでした。メインコンテンツを提供する講師が別にいて、その講師の話を受け取る補助としてファシリテーション・グラフィックがありました。今風に言うとグラフィックレコーディングという、あくまでおまけの存在だという自覚もあったのです。

おまけ同士で、何考えて描いているのかなということを考えたくて、「この指とまれ」で、「函館でやるけど、来る人いる？」とネットで呼びかけたら、いろいろなところから人が来ることになりました。横浜から、京都から、北海道から、総勢20人ぐらいになりました。

そこに来たのが石橋智晴君という、当時学生で会社もつくってるようなすごい人でした。京都で「ＥＮＬａｂ．」というサークルをやっています。立命館の荒木寿友先生のところのサークルです。この若きグラフィッカーが来たりして、「これは楽しいな、毎年やろう」

と決めました。そこから函館でやって、仙台でやって、広島でも開催しました（広島はグラフェスではなく、「やってみよう会」でした）。大阪、京都で2日連続の会も一回やりました。そのような年次大会のような形のものが「グラフィッカー・フェスティバル」です。

ところで、教育運動における「この指とまれ」というキャッチーなキーワードを教えてくれたのは上條晴夫先生です。これはとてもわかりやすくて、責任の所在が明確、さらに参加するもしないも声をかけられた側の判断一つという主体性の確保もされていて、私もよく使わせていただいています。

要は、勉強したくなったことがあったら「ねえねえ、こういうことしたいんだけど、一緒にやってくれない？」と誘うということです。

東洋館出版社でのお仕事を例に挙げますと、「生徒指導提要を現場の目線で読む」というWeb連載があります。これは12年ぶりに改定された生徒指導提要を見て、「これはきちんと読み込まないといけないものだな」と直感した私は、「ねえねえ、みんなで読もうよ」と友人を誘いオンライン学習会を開きました。そして、その学習会から発展して「Web連載」という企画につなげました。

この連載の「第0回」に、私は経緯を以下のように記しています。私らしい「この指とまれ」が表れているなぁ、と思いますので、ご紹介します。

本連載が始まったきっかけ

本連載は、オンライン学習会に集まった年齢も性別も教職経験年数もバラバラな仲間たちと、12年ぶりに改訂された生徒指導提要を読み合う会をきっかけに企画されました。

300ページに迫る大部の書を一人で読むことは、少々骨が折れます。

そこで、「一人10分の持ち時間」で「1章ずつ担当」する読書会という形を取りました。

その読書会の名は「生徒指導提要をざっくり読んでみる会」（2022年12月27日開催）と言います。

そうしたところ、私たちは読書会を終えたとき、当初考えていた「情報の摂取」以外の大きな効果があったことを発見しました。それは、

・「掲載されている情報に対する現場の実感」

・「どのように活用していけばよいのかという示唆」

といったものでした。

つまり、文部科学省から発出されている文書に「血が通う」瞬間を味わったのです。

「そうか…。こうやって読めばいいんだ」

きっと、こうした感覚をあの場にいた誰もが味わったのではないでしょうか。

そして、敷衍すればより多くの先生たちとこの感覚を共有することが現場を元気にし、子どもたちを幸せにすることに繋がるのではないかと考えました。

このようにして、本連載の企画が立ち上がったわけです。

読者の皆さんと一緒に、子どもたちの「社会の中で自分らしく生きることができる存在へと、自発的・主体的に成長や発達する過程」（『生徒指導提要』p.12）をサポートできたら嬉しいです。どうぞよろしくお願いします。

（東洋館出版社HP「Webリレー短期連載　生徒指導提要を現場の目線で読む（第0回）」

https://www.toyokan.co.jp/blogs/student-guide/teiyo00）

グラフィッカー・フェスティバルもこうした「この指とまれ」方式で始めて、興味をもってくれた人に開催地の事務局をお願いし、また、登壇者にも「来てくれませんか？」と声をかけながら活動していました。本章で語られている活動の多くは、「この指とまれ」で活動が始まったり発展したりしています。

「観」が変わる

初めて担任した低学年

子どもに障害があった話は先ほどしたとおりですが、療育というのは、丁寧にやろうと思ったらなかなか田舎ではできません。函館に帰ってくる必要がありました。当時、江差町にいたので、校長先生に「子どもがこういう状態だから、何とか函館に帰りたい」と言いました。

すると校長先生が、函館の校長先生たちと交渉してくれたようです。「函館に空きがあった。だけど小学校しかなかった。だから小学校で決めてきた」と電話がありました。「え、僕は毎月札幌に通って、中学国語教師として一生やっていくつもりでいました。本もたくさん買って、ずっと勉強していこうと思っていました…でも、小学校になったんですね」と。赴任拒否もできないから小学校に行くわけです。

転勤した先がサッカーの強い小学校です。ここでまた変な形で夢が叶ってしまうのですが、私は中学校のサッカー部の監督をやりたくて、中学校を選んでいたんです。でも勤めた学校には野球部しかなかった。サッカー部をやりたくてやりたくて、しょうがなかったのです。もう中学校の国語教師はできないけれど、小学校に来たら今度はサッカーができるということになりました。

そこで担任した子どもたちを4、5、6と3年間もち上がりました。サッカーの一番強い代の選手たちがいるクラスでした。私はといえば休み時間も放課後もずっと子どもとサッカーをしている教師だったのです。まあ、サッカーをやらない子どもからすれば迷惑な話です。学級が荒れるということはありませんでしたが、私のことをすごく嫌いになってしまった女の子はいました。私も「自分は勉強しているから」という変な誤解というか、調子の乗り方をしたものですから、その私を嫌っている子の立場を考えてあげることができませんでした。

子どもの思いに反するような言葉かけをしたり、言い方を考えないでしゃべったりとかしていて、お恥ずかしいところですが、すごく周りからも心配される教師でした。中学国語教師として相当勉強していたという妙な過信があったものだから、勉強したことをやればいいんだと思っていたんですね。全然子どもに合っていないにもかかわらず。ただ、いつも一緒に遊んでいたし、イベントもいっぱいあったので、子どもの心は決して離れてはいなかった。ですが、今風に言うと個別最適な学びだったかというと、私にとって最適なだけであって、子どもにとってはまったく最適ではありませんでした。

そこで、校長先生が、4、5、6と私がもち上がった後に、「一度、1年生を経験させたほうがいいな」と思ったのでしょう。そうして1年生の担任をしました。そこは、もう世界が全然ちがいます。言葉が通じません。指示、発問がまったく通じません。そこで校長先生に「できません」と相談しました。「前年度の3月に中学校しか経験がなくて、4、5、6だって必死だったのに、1年生は無理です」と。校長先生は一つだけ言いました。「いいんだ、1年生は文章だけ書ければいいんだ」。

それを真に受けてですね、「せんせい、あのね」から始まり、ひらがなを教えて、日直作文というのを毎朝やって、日記を書く。あとは一生懸命遊ぶ。トラブルが起きたときに一緒に困る。2時間目ぐらいで泣き出す女の子がいて、「どうしたの、どうしたの」と聞いたら、「ママに会いたくなっちゃった」って泣くんです。お母さんに電話して「どうしましょう」と言ったら、「すぐに迎えに行きます」。10秒後には来るわけです。その子、学校の隣に住んでるんですよ。

そんな毎日を過ごす中で、あるとき急に子どもたちがかわいくなっちゃったんですね。「これ、やろう」って言ったら、「やる！」と乗ってくる子どもたち。前の年、6年生の女の子との関係づくりに失敗して、「ああ、子どもと一緒にいるのがつらいな」と思っていたときもありましたが、でも1年生の子どもたちは好いてくれる。こっちもうれしくなってしまいました。1年間に4回の親子レクを企画して、勉強だけでなく、もっといろんな楽しいことをしたいんだという思いでいました。

親子レクでは、函館の路面電車を貸し切って湯の川から函館山まで行き、1年生の子たちと、お父さんお母さんたちと一緒に函館山に登りました。山の上でたこ揚げをして、お弁当を食べて、また電車に乗って帰ってくるイベントをしました。とにかくいっぱいやりました。

このときに学芸会の衣装も、お母さんたちに手伝ってもらってつくる。中学校のときは、もう中学生だからみんな自分でできるし、親の手伝いはなくて当然でしたが、1年生の学級経営は、こんなに家庭と一緒に悩んだり、協力したり、大目に見たりしながらやっていくんだということを感じました。チーム学校ではないですが、いろいろな立場の人たちと力を合わせてやっていくんだということと、子どもに合わせないと何も伝わらないんだということを強烈に学ぶことができました。

私の低学年の経験はこの2年間しかないのですが、去年、うちのクラスにこのとき教えていた子の一人が、教育大学の学生として観察実習のために半年ほど通って卒論を書いて卒業していきました。そして、今隣の学校の初任になっています。そういうのも地元でずっとやっているとあるのです。ありがたいことです。

その頃、NHKに出演しました。2年生を担任していたときのことです。当時、PISAショックで、学力向上が取り沙汰されていました。どうやって学力を身につけさせるのかという話でした。NHKでもシリーズ「学力向上」といって、「百ます計算」のようなドリル学習の取り組みを放送していたのですが、私ですから、そんなことはしません。

クイズづくりということを言語活動のゴールにした、「さけが大きくなるまで」という国語科の単元をやりました。先ほどお話しした「LINKS」の山寺潤先生の学校で、厚沢部川でさけのつかみ取りをやるというので、「あ、『さけが大きくなるまで』をするから行くわ」と言いました。そして、70センチぐらいの大きいさけを捕まえて、それを翌日学校に持っていき、子どもたちに素手で持たせました。そうすることで、「あの七十センチメートルほどもある魚は、どこで生まれ、どのようにして大きくなったのでしょう」という一文の実感的な理解はできるんじゃないかと考えました。

校長先生が料理のできる人だったので、「じゃ、それ、食わせっか」となり、校長先生が家庭科室で説明しながらさけをさばき、その場でバター焼きにして、子どもたちに食べさせました。「すごいおいしい」と感動している子どもたちがいました。「じゃあ、このさけがどうやって大きくなるのか、説明文で勉強しようか」と言いました。段落ごとに毎回、毎時間、クイズをつくりました。

このときの校長先生は、授業が好きで好きで仕方がないという人でした。「かさこじぞう」の単元で、今でいう自由進度学習をやってしまうわけです。今からもう20年近く前の話です。その校長が、あるとき語って聞かせてくれたことがありました。

「いいか、藤原さん。子どもは教科別には学ばない。時間割通りにも学ばないんだ」

この言葉は、教科担任制である中学校から、学級担任として同じ子どもたちと一日を過ごす生活に戸惑っていた私の蒙《もう》を啓《ひら》くものでした。中学校に勤めていたときにはあくまでも国語科という教科の窓から生徒を見ていたのだと思います。しかし、小学校ではいろんな教科・領域、そういったものを超えた生活全体で子どもの育ちを捉えようとしなければ何も見えてこない。そして、いつ、どのタイミングで子どもがぐぐっと伸びるのかは、意図した通りにやってくるわけではないのだと思います。このような学習観・子ども観がらりと変わる経験をしたのが、小学校に異動した最初の学校での出来事でした。

教師観が変わった学年団

ここまでのお話はすべて学年単学級の函館市立戸井西小学校（現・函館市立戸井学園）でのことです。各学年一クラスだから学年団というものが存在しません。気を遣わずに何でも好きなことをやっていました。周りのベテランの先生がうまくカバーしてくれて、何とかやれていました。それでいて、ファシリテーション・グラフィックの本を出版することもでき、調子に乗った青年教師藤原は、転勤した先、3学級の学年団になって大失敗をするわけです。異動した先で「前の学校では」「研究というものは」みたいなことを言ってしまう。信頼関係もまだ何もできていないのに。それで敵もたくさんつくったわけです。そして、学年の一員として働く上で、私は大きな失敗をしたのです。

そこでもうこの学年団でこれ以上働くのは無理だって言って、校長先生のところで泣いて訴えて、そこから外してもらうことになってしまいました。

外してもらって、次に行った3年生での学年団。ここで教師観が変わりました。私にとって本当にすごく大事な学年団です。新卒3年目の女性教員の方と、それから私の二つ上の学年主任。その3人での学年団でした。学年主任が39歳、私が37歳。そして、26歳の女性の先生は前年度に学級崩壊を経験していました。ベテランがたくさんいた学校だったので、一番若い学年団でした。しかも前年度の学年の中で、組織人としての振る舞いで失敗している私と、学級崩壊をしてしまった若い女性。周囲からはおそらく「大丈夫か、こいつら」という目も集まっていたのではないかと想像します。

しかしそのときの校長先生が、また大英断をする人でした。その状態で私を研究部にして、次の年には研究主任にするわけです。一回挫折した私をです。そして、学級崩壊した女性の先生を、「次の年の社会科の全道大会の授業者にするから、君たち二人でちゃんと育てなさい」というふうに抜てきしながら、ミッションも与えながら、応援をしてくださいました。

学年主任からは、4月の最初に言われたことがあります。「藤原先生はいろいろな勉強をすごくしているから、私が総合のこととかをやるよりも、藤原先生が企画したほうが子どもたちにとっても、絶対よい教育活動になる。だけどね、正直に言うと、藤原君は周りの調整だとか、連絡だとか、根回しだとかは下手だ。それを君はできていない。だから、その部分は私がやるから、君はやりたいことをやりな」と言って、本当にそうしてくれました。

しかも、ただやらせるんじゃなくて、まず学年主任が函館競馬場からポニーを借りてきました。テーマが「生き物」だったのです。ポニーを学校に連れてきて、子どもたち80人に触らせながら、私もいろいろなゲストティーチャーを呼ぶ授業というのを行いました。そのようにして始まった学年団はとにかく仲がよかったです。いつも3人で一緒に行動し、総合は学年合同、体育も合同、休みの日には一緒に山を登ったり、有志の飲み会も3人でやっていて、とにかく楽しかったです。

しかも子どもたちも自分の娘と同い年でした。娘の幼稚園が同じだったお母さんたちもいました。前の学年団ではずっと孤立を感じていたのに、急に前の学校で味わったような、「みんなでこの子たちを育てようとしている」という経験をすることができたのです。4年生のときの総合のテーマが「まちづくり」でした。まちづくりで、また函館市地域交流まちづくりセンター長の丸藤競さんにゲストティーチャーで来てもらったり、北海道新幹線開業の前の年だったので、亀田商工会や渡島総合振興局の新幹線開業企画室の方に来てもらったりして、函館のまちをどうしていくのか考えるという総合の授業をずっとやってきました。もちろんその過程はすべてグラレコもしていきました。

ゲストティーチャーたちの話のグラレコを、3クラスの廊下の壁にズラッと並べて貼りました。授業参観に来た保護者たちはグラレコを見ながら、「ああ、こういう勉強をしてきたのね」「だから子どもたちはこういう新聞をつくったのね」「今から子どもたちは、こういうセッションをするのね」というような、公開研究会でも何でもない普通の参観日に、そのような大掛かりなことをやっていたのです。

そのときに、やはりみんなでやるというのはいいものだなと思って、まちづくりを題材にした創作劇をつくったんです。私には創作劇の台本はつくれても音楽の才能がないから、グラフィッカー・フェスティバルで友達になった他の学校の先生に来てもらいました。台本を読んでもらって、曲を選んでもらったり、休みの日に制作に付き合ってもらったり。学校内外の力を合わせて、一つの大きな行事をする。それを仲よしの学年団でやるということで、ずっと心配して見守っていたベテランの先生たちも、朝の打ち合わせなどで、手を挙げてわざわざ言うわけですよ。「3年生のこういう取り組みは、この学校の子どもたちにとって、本当にいい影響を与えていると思います」。打ち合わせで言う必要などないのに、わざわざ言ってくれる。「おれは味方だぞ」って言ってくれたんです。援護射撃です。

校長は校長で、いろいろなクラスに行って、写真を撮って、職員室の横にある視聴覚室の大きい掲示板に、各教室の写真をバアーッと何百枚も貼っていきます。筆文字で一枚一枚にコメントを書いているのです。4月に言っていた校長の学校経営方針が具体化された姿として写真に撮られていきます。「これ、いいぞ」って、校長からコメントが付いて、フィードバックしていきます。「ああ、こういう学校経営なんだ」と思って、本当に人を大事にしながら、人にアプローチしながら、やりたいことを実現していくというその姿に、私は大きな影響を受けました。今、セミナーをやったりするときも、お客さん一人ひとりに質問することであったり、困っていることがあったら絶対に見捨てないのは、こういった経験があるからです。オンラインセミナーの途中でも、ＰＣ操作がうまくいかなくてＺｏｏｍに入れない人に「今大丈夫ですか」と電話したりするのは、その校長の影響だと思います。

その後、この学校では学年団を二つ経験します。そのときには実践を進めるための連絡や調整が、負担・ストレス・面倒ではなく、これをやるからこんなに楽しいことができるんだということを学んで知っています。力を合わせてやるというのは、本当に楽しいことなんだと感じながら取り組むことができました。

当時のことを思い出してみると、組織人としての振る舞いが完璧にできていたかと言えば、それはまだ不十分なところや未熟なところ、できていないことがいっぱいありますが、「これが大事なんだな」ということを実感しながら仕事ができていたな、というのがこの学年団での話です。

教室が「戦場」となっている空間が私を変えた～辛いのは休み時間～

当時、勤めていた学校が函館市立昭和小学校といいます。その学校から道路を挟んで向かいに北海道函館商業高等学校という、うちの母の母校でもある高校があって、そこに定時制高校がありました。

その定時制高校の国語の先生、長澤元子先生は今でも研究仲間なのですが、彼女が「低学力の生徒に対するアプローチ」という研究で、文部科学省の指定を受けました。長澤先生から、「対話が大事だと私は考えているから共同研究してくれないか」という依頼がきました。定時制高校は17時から始まりますので、「勤務時間が終わった後だな」と思い、「いいですよ」と返事をしました。

これが私の中で本当に大きな経験となりました。正直言うと、私はちょっと偏見をもっていました。「定時制高校は、暴走族なんかが行くとこでしょ?」などと思っていたのです。行ってみて授業の様子を見ていたら、「普通」なんですよね。いろいろな年齢の生徒さんがいますが、教師が発問して、生徒が真面目に答えたり、ちょっとふざけて揚げ足を取るようなことを言ったり、教師をいじるみたいなこともありました。でも普通ににこやかに対話をしながら、ワークシートにどんどん文章を生徒がたくさん書いて授業が進んでいきます。「ああ、定時制高校といっても変わりはないんだな」と思いました。ですが、変わったのが休み時間です。

休み時間になった瞬間にものすごく衝撃を受けました。「授業が終わり、休み時間は開放感に満たされ、気楽なおしゃべりが始まる」と思っていたのですが、休み時間になった途端に緊張が一気に高まったんです。生徒同士は互いに誰とも目を合わせないのですが、お互いの視線をチラチラと盗み見ているのです。というのが、この生徒たちというのが、親が働いていない、パチンコにはまっている、酒にはまっていて、自分がバイトしてきた学費や生活費を使われる。あるいは、虐待を受けていたり、いじめられていたりする。父親がちがう5人の兄弟がいて、母親はいない。男のところに行っていて、小さい子どもの面倒を家で見てから学校に来る。

そういう壮絶な生活を抱えているから、人間というのは基本的に敵で、生き残るためには必死だという姿を見たときに、とんでもない衝撃を受けました。誇張ではなく、私の学校の小学生の子どもたちに対しても、まともな人間として扱う「最後の大人」になる可能性だってあるなと感じました。

たまたまその日、まったく別の学校の2年生の生活科の授業を見に行っていました。指導案検討のときから授業づくりに入っていたのですが、その時間のうちの半分は授業者の先生の同僚への愚痴を聞く時間だったのです。大丈夫かなと思って見に行ったら、授業者はどこか自信がなさそうだけれど、一生懸命やっています。子どもたちもなかなか難しいところがあるだろうなというのはわかるのですが、でも一生懸命授業を受けていました。いい授業だったと思います。先生も子どもも頑張っていました。

ところが、です。私が「これ、ちょっときついな」と思ったところがありました。それは、同僚の先生方が何人か見にきているのですが、後ろで固まって、こそこそしゃべって笑っているんですね。服装はジーパンにパーカー。休日の服装です。「ああ、こういう学校もあるんだな」と思いました。定時制高校に行ったちょうどその日に、そういう職員集団を見て、「生徒を大事にするって、どういうことなんだろうな」と思いました。

次の日から私は、スーツ、ワイシャツ、ネクタイ。やることが、もう極端なんですね。まず服装を整える。楽しい授業で子どもが調子に乗っていても、もしかしたらその陰で家に帰ったら苦しい環境なのかもしれない。学校の中にいる間だけは、生徒として扱ってもらえるという子どもがいるかもしれない。何があっても子どもたちを尊重しているということを示すためには、まず服装からだと思ったのでした。

こういった経験から、教師という役割の社会的な位置付け。そんなことを考えて、夜コンビニに行くときも、もしかしたら生徒がいるかもしれない、生徒の親がいるかもしれない。「ああ、先生、コンビニで、だらしない服を着て歩いてた」となったら嫌だろうなと思いました。

「あんたの学校の先生、立派だね」

これは私が1年生だったときの高谷先生のことを、私の親が言った言葉でした。ここにつながるわけです。あのとき憧れた小学校の先生。たしかに服装が整っていた。「その意味ってこれだったのか」と、30年たって私の中で結び付いたのです。

自己形成史を振り返って

教師の成長曲線

ここまでの自己形成史を振り返ってみて、私の教師としての成長曲線は、でこぼこ、ジグザグのまま、特に右肩上がりではないけれど、できることやわかることが増えていく。

調子に乗って失敗して、落ちる。また上る。調子に乗って落ちる。この繰り返しでした。だから力をつけてきたというよりも、「適応してきた」という言葉が正しい。膝をすりむきながら、適応してきたという感じがしています。

今が常に教師としてのピークだと思っています。常に今が一番面白くなるように考えて、でも挫折して、その後に復活していくわけです。

また、担任とそれ以外の立場も経験しました。私は今の学校で5、6年生をもって、子どもたちが卒業した次の年度は教務主任になって、さらに翌年は大学院に行きました。このレールで行くと、後は管理職になるしかなかったはずですが、なぜかまた担任をすることができてしまったのです。

一直線に担任だけやっていたわけではなく、一度管理職的な目線も得て、教職大学院に行って、より行政的な見方も学んできた上で担任に戻りました。

多くの管理職が「今もう一回担任に戻ったら、これも、あれも、それもできるな」と考えると思います。いろいろな視野が広がって、一回夢想すると思います。それを私は実現できてしまっているわけです。

今のクラスは暴れてしまう子がすごくいて、暴れる子を抑えられる人間ということで、本当は異動しなければいけなかった私が、もう一度だけ6年生をもってほしいということがありました。担任か管理職かの分かれ道に私は乗らず、担任から、半管理職から、また担任ということになりました。

教師としてのメガネ

教師のピークはどこかを考えてみると、その時々で目指していたものがそもそもちがうということに気がつきます。担任ではないときに目指していたことや、学年で動くということをインストールした後に目指したものもちがう。教務を経験し、それもインストールしたメガネで見た担任もちがう。もちろん、子どもたちもちがいます。担任としてやり切るというのは、まだまだわかりません。

いろいろなことを同時進行でやっているから、いろいろなメガネがあるわけです。フットサル仲間のメガネ、商工会議所の偉い人のメガネ、政治家のメガネ、あっちの目で見たりこっちの目で見たりというふうに様々なメガネを通して見てみる。また、自己評価をするメガネもたくさんあります。

自己評価のメガネの中で、すごく強力なのはもちろん堀裕嗣先生、石川晋先生のメガネです。どのメガネで見るかによって、あのメガネで見ればピークはこれだし、このメガネで見ればピークは今だ、というふうになります。

そういう意味では、中学校を経験した上で、小学校に着任したときは、それを有利だと最初そう思っていたので、自信をもってやっていました。そんな私に1年生を持たせた校長は、「そうじゃないぞ」と言いたかったと思います。先述した「あのな、藤原さん、子どもは教科別には学ばない、時間割どおりにも学ばない」という言葉は何となくしかわからなかったのですが、あるときワークショップ授業の研究会をやったときに、大学の恩師の内藤一志先生の言葉をよく覚えています。「ワークショップというのは『可能態』なんだよね」。「可能態って何」と思って調べたら、何にでもなり得る。つまり何を学ぶかはわからないけど、とにかく何かは学んでしまう。そういう可能性をもった空間なんだと理解しました。

たとえば国語の系統で言えば、子どもの言葉・力がスッと伸びる瞬間は、思考したとき、経験したとき、伝えようと思ったとき、伝えなければならない切実なものに出合ったときなのです。これを教えたからこの言葉の力が身についたというようには、階段状にはできていない。これが今の私の言語成長観です。

となると大事なのは、「いかに出合わせていくか」ということになります。それは体験主義的な教育観で、石川晋先生から学んだことが今私に生きてるのはそこです。でも結局このことは教えなければ駄目だよねということもあります。系統主義的な学力観は、堀先生だったら、ここをこう言語化させるんだろうなと感じたりもします。常に二人が、自分の中で動いています。基本OSとして奥の奥のバックグラウンドで動いているので、普段意識しないレベルでそこにいます。

第2章 子ども理解編

床と仲よくなる

子ども理解とは何か

子どものいるところまで

野口芳宏先生の本は「授業で鍛える」など、キーワードに「鍛える」がありました。その「鍛える」というのは、既に経験のある先生方からすれば、あくまでキャッチーなフレーズでしかなく、子どもを突き放し、追い込んでいき、それで伸ばすという意味ではないのはご承知のとおりです。しかし、教員になりたての私は、その言葉を真に受けていたようなところがありました。子どもの側に立つというよりは、教師の教える都合、教えやすさのほうから発想して授業をしていたように思います。

変わったきっかけになったのは1年生を初めてもち、それまでやってきたことが全然通じない世界に行ったときでした。教師の都合で空回りしてもしょうがないということを思い知らされた一学期間だったのです。そこがなにより大きかった。

ではどうすれば子どもを理解できるのか。

それは想像するしかありません。その子にはなりきれないので、もしかしたらこういうことを考えているのではないのかなという想像をたくさんして、それが当たっていたかどうかを確かめ、振り返る。

当てるためには、日頃から子どもの情報を収集しなければいけませんし、個人懇談の親とのやりとりの中で、いろいろな角度から子どもを捉えなければいけない。表情を捉えたり、行動を見たり、いろいろなところで情報を収集して、「もしかしたら」の精度を高めていく。そしてそれが、本当に精度が高かったのかどうかを振り返る。その繰り返ししかないと思います。

多くの子どもと接する経験がたくさんあればよいというわけでもありません。多いだけだと駄目で、触れてリフレクションして、子どもを見る。メガネを増やしていく。接触回数だけ多くてもしようがないので、仮説をもってみて、その仮説が当たっていたかどうかを確かめ、その仮説の幅を広げていくということが重要だと思います。

「観察」として記録も取っていました。一時期、クラス全員分の記録を毎日取ることを1週間続けようと、仲間内で試したことがありました。休み時間や授業中に、少し気になったことをメモするのだけれど、どうしても偏りがあります。1、2時間目で、いつもすぐ書き終わってしまう子もいれば、帰りの会になってもまだ書くことが見つからないという子もいることに気づきました。その記録を取ることにより、自分の見ようとしている偏りというものを発見したことがありました。

ここからは、私のエピソードをベースにお話ししていきます。

床と仲よくなる

ある小学校のときの話になります。5、6年をもち上がって、次にどうしようかというとき。当時その学校は、ずっと三学期制だったり、特活なのか総合なのかわからない行事があったりして、働き方改革が進んでいないように見えていました。私は学校評価については、毎回真剣に書く方ですので、二期制にして通知表の回数を減らして、家庭訪問もうまく集約したらいいのではないかという意見を書いていたら、「じゃ、おまえがやれ」という話になりました。そうして教務主任になってしまいました。そこで学校改革をやっていくわけです。まず、1年で二期制にすることに成功しました。

教務の仕事はいっぱいあるのですが、やっぱり暇なので、文書仕事なので自分のペースで進められる。となると他のクラスとかも見て歩くのですが、そこでK君という子に出会いました。その子がよく叫んでいたのです。よく叫んでいて、よく床に転がっていました。

担任の先生は前任校では教務主任で、学校全体もみながらもっと厳しい状況の教室も経験していたこともあって、懐の深い人でした。その子が困らないような環境を工夫したり、ある程度放っといてあげたりもしていました。

あるときK君が床に転がっていました。泣いて怒っているから、どうしようかなと思っていました。ここで私が入ってしまうと、そのクラスの文脈が壊れてしまいますし、解決の見通しもない。どうしようか困ったものですから、もう床に寝転んでる子どもと視線を合わせようと思って、私も同様に床に寝転んで「どうしたんだい?」と聞いてみました。

そうしたら意外な答えが返ってきました。「反省している」と言ってきたのです。「あ、そうか。反省してるんだ」と思って、「反省して床に転がってるんだ。何を反省してるの?」と聞きました。「ぼくが悪い子だから、先生を困らせてるから、ここで反省してるんだ」という返事です。「あ、そうか、そうか。何があったの?」と言ったら、「セロハンテープの匂いをかがせてもらえなかった」と怒っているんです。わけがわかんないですよね。

でも、「そうか。セロハンテープの匂いかがせてもらえなかったんだ」と言いました。要するに、S君という子がいて、その子が「セロハンテープって甘い匂いがするよな」と言って、友達に匂いをかがせていた。そこでK君が「ぼくもかぎたい」と言ったら、S君がいじわるして、丸めてごみ箱に捨ててしまった。

それで「ぼくもかぎたかったのに」と怒って泣いていたんですね。だから「ぼくは悪い子だから、反省して床に寝ている」と。全然わからないけど、「よくわかった。じゃ、探してみようか」って、ごみ箱を二人でひっくり返しました。いっぱいごみがたまっているのをより分けていって、「これかい？」って聞いたら「それ」と言いました。

そして、匂いをかいで「本当だ、甘い匂いがする！」と喜んでいます。

「ところで、このごみ、どうする？」と言ったら、また「あ！（マズい！）」となり、「じゃあ、ほうきとちり取り、持っておいで」と言い、二人で掃除をして、授業残り10分ぐらいになっていたけれど、「じゃあ、もうこれで勉強できるね？」「できる」とK君は言いました。

「じゃあ、がんばれよ」と言い、教室から離れようとしたら「藤原先生もいる？」と聞いてくるので、「これは横にいてほしいのだな」と思い、その授業はその子の横にいて、勉強を一緒に聞きました。子どものいるところまで降りなければ駄目だというのは、この子とのかかわりが大きいです。

やはり、子どもが何をしたいのかというところまで、きちんと降りていって話を聞かないと、何も話が始まらないなということに気づきました。

自分のクラスだったら、そのクラスのノリとか、話の仕方とか、日々の指導でなんとでもなると（それもおごりだけど）思っていたのです。けれども教務としていろいろなクラスに入っていくと、その先生との間のことを壊してはいけないから、邪魔にならないようにその子が何してるんだろうということを考えるようになります。私は格好つけるような人間でもないので同じことをしたらいいと気づきました。

なぜこうしたのかと言うと、パントマイムのプロであり、北海道の中学の教師でもある中納淳裕さんという方の手法を知っていたからです。

シーンとしている中学生を乗らせるために、ターゲットの子を一人決めて、体育館のステージに上がったその子を真似します。その子が、自分の動きで教師や周りをコントロールできるみたいな感じになるから乗る。そのノリに、今度はこっちのノリも合わせていって、会場のボルテージを高めていくのです。「あ、そうか。真似すればいいのか」と思ってやってみたのでした。

これが「床と仲よくなる」きっかけでした。

いじめられたという電話

K君は、その後、私が大学院から学校現場に戻ってきた年から、5、6年生と担任することになりました。卒業も近づいたそんなある日、K君の家から電話がかかってきました。

「先生、うちの子がいじめられていると言います」

そんなことはあるかなと思い、話を聞いてみました。

「休み時間にドッジボールをして、わざと強くぶつけられたり、仲間はずれにされたりしていじめられている。子どもがそう言っています」

「なるほど」と思いました。というのも、休み時間にボール遊びは禁止されているので、休み時間にドッジボールをすること自体があり得ません。「お母さん。それ、いつのことだかわかりますか?」と言うと、先週のことだとおっしゃいます。

「実は学校では休み時間のドッジボールや、ボール遊びは禁止されているから、そういうことが起こるはずがないのです」

そう言うとお母さんも何か察したようで、「すみません。子どもの言うことを真に受け、それをそのまま先生にぶつけてしまって」と謝ってこられました。

「いや、お母さん、ちがいます。なんで、いじめられていると言って、お母さんに話したかったのか。たぶん、中学校に進学するのが不安なのだと思います。その不安な気持ちをお母さんに聞いてもらうために、いじめられたという言い方を選び、お母さんに心配してもらいたかったのだと思うんですよね。その子の立場に立ってみれば、お母さんに話したら、お母さんがこうやって学校に電話してくれる。そういう姿をその子に見せたわけで、たぶん安心したと思いますよ。中学校の不安は確実にあることだと思うので、『あなたのことを大事に思っているよ』という姿を見せたことが、たぶんいいことだったと思います。これからも何か心配なこと、おかしいなと思っていること、気づいたことがあったら遠慮なく電話してください」

そう言うとお母さんは電話の向こうで泣き出し、「この子のこと、すごくよく見てわかってくれている。本当に先生のクラスになってよかった」と言ってもらえたことがありました。

この章の冒頭に、接触回数が増えただけでは子ども理解力は上がらないとお話ししました。想像して確かめる、試行錯誤と言いました。純粋に年齢や経験年数から上の人のほうが理解力は高いというわけではありません。ベテランの人でも、理解の「り」の字も全然ない人もいたりします。間違ったりもします。「想像する、確かめる、深く聞く、話す」がキーワードになります。

試行錯誤の中で、特に大事にしていること、「自分が間違っている可能性」と、「自分はこれでいいのだと信じること」の「バランス」です。これが難しいです。バランスが取れているのか、俯瞰できているのかのチェック意識をすごく働かせる必要があります。疑うことと信じることのバランスです。

たとえば、今年もすごく暑い。教頭が「水筒のルールってどうなっている？　ある程度そろえたほうがいいのではないか」と、突然言い出したとします。でも、「いつでも飲んでいい」としていたのは私のクラスだけで、あとのクラスは「授業中、駄目」と言っている状況があったとします。

このときに私は自分を疑ったか、自分を信じたかというと、自分を信じたわけです。子どもの命にかかわることで、他の先生は水を飲むタイミングを間違えることなく飲ませられるのかもしれないけど、私にはこのクラス30人の水飲みのタイミングを把握することはできない。だから、「飲みたいときに飲みな」と思うわけです。「こうしたほうがいいじゃないか」とか「せめて授業中は」という意見もありましたが、今からそのルールをつくって徹底させるとしたら、それで一日終わると思います。水筒の水を「いま飲んだだろう。いま飲んだら駄目な時間だ」と、チェックするだけで一日なんて終わってしまいます。

教育委員会への匿名電話

教育委員会から校長宛てに匿名の電話があり、「担任から暴言を受けているという保護者からのクレームが入った。どこの学校かだけを言って、それ以外のことは言わなかったが、心当たりの先生はいるか」ということでした。私も呼ばれ、何かわかるかと聞かれました。「そういえば、少し強く指導した子がいました。しかし、暴言は決して言っていないと思います」。匿名なので誰かは全然わからないのでしたが、あの子の親ではないかと思い電話をしたら、そのとおりでした。「そうですか。たぶん行き違いか何かがあると思いますので、今からお宅に伺っていいですか」と言い、教頭先生と一緒に行きました。

教育委員会にされた五つほどの話を、一つひとつを確認していくと、そんな事実はまったく出てきませんでした。お母さんも教育委員会にまで電話してしまっているので、一つずつ確かめていくと、振り上げた拳の下ろし先がなくなっていくのですね。要するに、子どもがうそを言ってしまっていました。私は言いました。「指導されたことに対し、この子が納得がいっていない気持ちでこの子を帰してしまったのは、私の指導の落ち度です。その点は申し訳ありませんでした。これから先に当たっても、その子が本当はどうしてほしかったのか、どうしたかったのかということを確かめながら指導していきたいと思います」と言ったら、「誠意を見せてもらった」ということで、納得していただきました。

これも子どものいるところを想像し、なんでうそを言わなければいけなかったのだろうと考えました。そのうその中には、「私が保護者の悪口を教室で言いふらしている」というのが入っていました。「いや、そんな悪口を言えるほど接してないんだけどな」と思ってみたり…。そうしたら給食時間にその子が友達との会話の中で、自分のお母さんの悪口を言っていたのですね。会話に参加していた別の子が、「あなた、いつもそうやってお母さんの悪口言うけれど」と言い返していた。そうか。この子は自分がやっていることを、私のせいだというようにして話をしていたのだな、だとすると、どうしてそう言わなければいけなかったのだろうか。もしかして自分の気持ちを聞いてもらえていないのではないかと想像しました。

その後もよくよく観察していたら、休み時間に鬼ごっこをしていたときに友達とぶつかり、眼鏡が壊れる事件がありました。その子が言うには、「鬼の子が無理やり体を振り回してけがをさせられた」という言い方をするわけです。しかし、周りで見ていた子の話を聞いてもそんなことはまったくありませんでした。体育館にいて、振り返った瞬間に走ってきた子とぶつかってしまったということでしたが、ずっと「わざとやられた」と言い張っていました。

そこでピンときて、「もしかして、眼鏡が壊れたことを怒られるのが怖いと思っているのかい？」と聞きました。急におとなしくなり「そうだ」と言いました。「心配するな。君が怒られないように、たまたま事故でそうなってしまったのだということを、今から電話するからね」というようにしました。その子も自分の気持ちをきちんと伝えられない部分、聞いてもらえないと感じていた部分があります。こちらから「ちゃんと言わなければ駄目だよ」ということではなく、その子への配慮を考えたときに、そういう接し方になりました。

その子がどうしても言えないということは事実なので、その子に寄り添う形で、この事態をいい方向に持っていくにはどうしたらいいかを考えていたのだと思います。

言えなかったＰＣ紛失事件

パソコンに関わるトラブルです。ある日、ある男の子が「俺のパソコンがない！」と言い出しました。朝来て、パソコンの充電庫から端末を出そうとして「ない」とボソッと言ったら、それを聞きつけた何人かが「ほんとだ！　〇〇君のがない！」と騒ぎ始めるわけです。そっと教えてくれればいいのに、騒ぐから収拾がつかなくなるということもあります。その典型例ですね。

それで、みんなで探そうということになり、「ない」「ない」「ない」。「本当に置いていったの？」と聞くと、「置きました」。私は、いずれ見つかるだろうと思っていました。でも、その日の帰りまで見つからなくて、校長先生に報告しました。職員全員で学校中を探しました。学校中を探したら、ある女の子の机の中から出てきました。

職員室では、当然ながら何でこの子の机の中から出てきたのだろうという話になります。そこには前までそのクラスを担任していた先生もいました。その子はすごくおとなしい子です。授業中にわからないところを当てられたり、わかっていても答えにくかったり、今は答えたくないというタイミングで当てられたりすると、さめざめと泣いてしまう子でした。言いたいことが言えないという女の子でした。

お祭しのとおり、充電庫の隣にあった友達の端末を間違って持ってきてしまい、気づいたときには大騒ぎになっていて、言い出せずにいたのです。だから机の中に置いて帰った。そういうことがわかりました。

もちろん推測ですので、明日の朝、事実を確認するためにどうやって事情を聞くのか、いろいろと相談しました。

それでもやはりうそを言ってしまうかもしれませんし、本当のことが言えなくて、ただ泣くだけかもしれません。それはわかりませんでした。私は、「○○ちゃん。実は昨日、先生方でパソコンを見つけたよ。もしかしたらだけど、間違って持っていってしまい、その間に大騒ぎになって言えなかったのかい？」と言ったら、もう目に涙をいっぱいため、「うん」と言うわけです。

「そうか。早く気づいてあげられなくてごめんね。先生がもっと早く気づけば、『いやだな、困ったな、どうしよう』と思って帰らなくて済んだのにね。気づいてあげられなくて、こんな苦しい思いをさせて、ほんとにごめんね」と謝りました。

最初は謝る気は全然ありませんでした。それは指導しなければいけないから。でも、指導するより先に、苦しい思いをさせてしまったのは事実だと感じ、それで私はそれ以上何も言えなかったのです。

放課後に先生方に集まってもらい、「やはり○○ちゃんでした。指導するというよりは、気づいてあげられなくてごめんなさいしか言えませんでした」と言ったら、前に担任だった先生が休み時間とかを使い、「でもね、○○ちゃん、言えなければ駄目だよ」と話してくれました。私は、もうそれでいいなと思いました。

おそらくではありますが、このことで担任である藤原という人間像を感じ取ってくれたのかもしれません。

その後、その子は学芸会でダンスに立候補して、自分のソロパートまでつくって、ダンスを発表するようになるとは思わなかったですし、学級会の司会係に立候補して、学級会を仕切るようになるとは思いもしませんでした。大きな変化を見せてくれました。

お母さんも、「すごくいい子に育ってくれて、今のクラスになって変わりました。ありがとうございます」なんて言ってくれましたが、そのときに、私は、そう言えば初めての小学校のクラスで、女の子に上からワーッと言って、すごく嫌われたのだと思い出し、いつの間にか自分が変わっていたことに気づきました。

かつては、自分が正しい、子どもが間違った行動をしているならばそれを正してやろうというような傲慢な考え方をしていた部分があったと思います。もちろん、必要な指導はしなければなりません。しかし、その子に伝わる言葉選びができているか、そもそも指導を受けとる準備がその子に整っているか、普段から信頼関係を築くことができているかといった、自らのあり方を省みるという謙虚さが欠けている教員でした。

ただ、いつの頃からか、子どもはその子の世界の中で一生懸命に生きているんだという考え方をするようになっていきます。そして、一人ひとりの「こうありたい自分像」というものはちがうということにも気がついていきます。クラスの子どもたち一人ひとりについてそれを把握できているかと言えば、常に仮説の域を出ないという状態です。「こうかもしれないな」と思うことがあってもその子にとってみればちがうのかもしれませんし、その子自身でさえわからないこともあります。だから子どもに聞くことがあります。「先生には、今の○○さんの気持ちはこうじゃないかなぁって思えるんだけど、それで合ってる？」と。

すると、だいたい言うんです。「ちょっとちがいます」と。そこで、「えぇ？　そうなの？　教えてくれる？」と聞いていくと、その子の言葉で結局、同じことを言ったり、本当に私の考えていたこととはちがったりと、そこから対話が始まるのです。

百発百中で子どもの考えていることがわかれば、それはとても素晴らしい教師なのかもしれませんが、どうにも私にはそういうスーパー教師になる日は来なさそうです。しかし、これは悲観しているわけではなく、子どもと接するときに「外れているかもしれないけど、先生の仮説を言うよ？　ちがったら本当のことを教えてね」というスタイルを私が身につけたのだと言えるのかもしれません。

不思議なお楽しみ会

あるとき、お楽しみ会のために学級会をするのが好きな子たちが、「先生、これやってみたい」と言うのですね。私は言います。「やってみたいことは全部実現しようよ。ただ、自分たちだけで楽しんでもよくないのはもう学んでいるから、みんなの意見を聞きながら決めていこう」としました。

そうしたところ、「漫画喫茶をやりたい」という子がいて、「じゃあ、どんな漫画喫茶がしたいのか」というと意見がぶつかります。一人で静かに漫画を読みたい子と、みんなで交換しながら読みたい子がいるのです。落としどころとしては、教室の机を移動して、みんなで交換しながら読み合う広いテーブルスペースと、自分の世界に没頭する、パーテーションで区切ったスペースをつくることで話がまとまりました。

大きい机をつくるのは、机を合わせればいいだけだから全然楽ですが、個室をつくるのはどうしたらいいのだろうという話になりました。そこで学校中探し回り、教材室から、昔に特別支援教室で使っていたパーテーションを借りてきました。それだけでは足りないので学芸会の備品のところから借りてくる。それでも足りないから保健室から借りてくる。体育のマットも持ち込みました。そうして、寝転んで漫画を読む、個室で漫画を読む、広いところで漫画を読むといったことを、2時間続きでやりました。

2時間続きの時間を生み出すために、「じゃあ、ここの勉強はすごいスピードで進まなければいけないけど、がんばろうよ」。すると、お楽しみ会のために子どもたちは本気になってやるんです。

本気で準備をしたから、漫画も全部持ってきたくなって、幼稚園に勤めているお母さんの息子は「朝、車を出してくれ」と頼み込み、出勤前のお母さんにお願いして家にある漫画を、全部ダンボール箱に詰めて持ってきた子がいたりしました。そこまでするか…。お楽しみ会だけど、ただ漫画を読んでいるだけという世界でした。

あと「屋上でぼーっとする」というのも、お楽しみ会として企画され、何をするのかと思ったら、本当にただ行って、ぼーっとする。

「先生、空ってなんで青いのですか」と聞いた女の子がいて、「それは理科的にも、国語的にも、道徳的にも答えられるけど、君はどんな答えを望んでいるの?」と言ったら、「うーん」と考え、「理科で教えてください」。

「それ、レイリー散乱と言うのだよ」と答えました。

押さえられるの、うまくなったな

これは渡辺道治という悪い男がいて、かっこいいなと思い真似したことがきっかけでした。人事の希望を出すときに、「一番大変なクラスをもたせてください」と言ったら、本当に大変な6年生のクラスの担任にさせていただきました。

それはもう本当に教室に入れない子がいるわけです。教室に入れないで何をしているのかというと、校長室や保健室に隔離される。隔離というか、自分からそこに行くのだけれど、そこで気に入らないことがあると、養護の先生を蹴ったり、そこに具合が悪くて来ている子を殴ったり。まぁ、そういう子がいました。

その子が5年生のとき、私は卒業生を出した後、1週間暇だったので、ずっと保健室にいました。その子と話をしたり、暴力を振るいそうになったら止めていたのですね。けがをされないで押さえるためには転がるしかない。

実は、その子が1年生のときにも暴れていて押さえていたのです。5年生になってもまだ暴れていました。

そうしていると、人事の希望どおりに担任になりました。暴力を振るわないように押さえています。でも最初から私は、この子が楽しいと思えるにはどうしたらいいだろうかとか、この子を認めるにはどうしたらいいかと、ずっと考えていたのです。

その子は、ずっと「大変だ、大変だ」と言われ、職員室に入ってきても自分の気持ちを伝えるのに、蹴るしかできないのがかわいそうだなという思いがありました。だから指導とか、その子を叱責するとかではなく、けがをしないように、また他人を傷つけないようにし、また自分も傷つかないで済むように押さえはするのだけど、ずっとこの子のために何かできることはないのかと考えていました。

6年生になると力もついてきて、一学期も4月は力を加え、力いっぱい押さえていないとすごく暴れます。4月はほぼ毎日押さえていました。5月、6月と、押さえる回数がだんだんと減っていきました。6月の修学旅行の前ぐらいには、一瞬グッと押さえるのだけど、すぐ力を抜いても大丈夫という形になってきました。

押さえている間に、すぐ力を抜いてきて「押さえられるのうまくなったな」と言ったら、「おまえのせいだ」と言ってくる。そして、「体、柔らかくなったんだよ」と言ってきて、「それならいいことばかりじゃないか」と言いながら力を抜いていました。すると彼はその後、寝っ転がり、しばらく私のひざ枕で寝ていました。

どうしようもできなかったし、特に指導などできていない。気も少し重いですが、子どものいるところまでいって始めないことには何も始まらない。「この子が今もそれを教え続けてくれているな」と思っています。

子どものところまで行くには、おそらく2つの方法があります。

1つは目の高さを合わせること。

もう1つは初任校の校長がよく言っていたのだけど、「裃（かみしも）を脱ぐ」。「先生だから」「大人だから」とかっこつけるのではなく、「素で君と話しているのだよ。本音で話しているのだよ」ということを体で示すことです。

うまくおしゃれにやってしまう人もいると思いますが、私にはそういうことはできません。

山岳救助隊モデルで考える「チーム学校」

「山岳救助隊モデル」とは何か

ここまで私が主人公としての語りをしてきたわけですが、なぜ床と仲よくできるのかというと、「私は一人ではない」とすごく思っているからです。

「山岳救助隊モデル」とかっこよく言っていますが、私は山登りが好きなんですね。山登りの漫画も好きです。『岳』という漫画をご存じでしょうか。島崎三歩という孤独なクライマーが主人公で、山岳救助隊のボランティアもします。山岳救助隊は警察が元締めです。そして山岳救助隊が公的に動く最初の組織です。救助要請がまず警察に入ります。そして警察が、一番近くにいる山岳救助隊のボランティアの方に連絡を取り、救助に行き、バックアップのヘリコプターを飛ばし、遭難救助隊の本部である現地の司令部をどこに置くのかという後方支援をします。

この点と「生徒指導提要におけるチーム学校」の大変なところは、結構似ていると思います。島崎三歩というすご腕のクライマーが助けに行くのですが、バックアップなしには助けられない。というのは遭難者を発見するのも、ヘリを飛ばしたり、周辺の目撃情報を集めたりして、たどったルートの痕跡をいろいろなチームで見つけていき、ここにいるのではないかというゾーンをだんだん狭めていく。

滑落する場所は落ちてしまうぐらいだから道がついているわけではなく、ここだと特定した場所に技術をもった人間が一人で行くわけです。一人で行くといっても、ロープを確保したり、助けたときに運び出すチームはまた別にある。これが山岳救助隊モデルです。

このように一人のエースのように見える人間が、単独行動をして救助が成功するわけではなく、バックアップがあり、情報共有があり、その前に本部で方針決定もしているわけです。そのことと「チーム学校」は似ていると思います。

チーム学校は「学校の中で、みんななかよく問題解決しましょう」というのではなく、担任という範囲、学年という範囲、学校という範囲、そして関連諸機関の範囲というように、「学校外のことも含め、善意ある大人が子どもの健やかな成長のために力を合わせましょう」と組織目標を一致させながら進める。これが生徒指導提要におけるチーム学校です。

「背中にアンテナ」を立てて現場に向かう

私は生徒指導においても、学習指導においても、少し似ているところを感じており、学校の中だけで全部やるのはそもそも難しい時代だと思っています。だから「背中にアンテナ」を立てて現場に向かう。つまり、いつでもバックアップをしてくれる生徒指導チーム、また総合的な学習などで力を貸してくれるゲストティーチャーや、そこの間の調整に入ってくれる教務の先生、窓口になってくれる事務の方がいる。物理的にはつながっていなくても、いつでも連絡は取れるし、「どうしたらいいのだろう」と相談できる。このように組織の中の人間として、背中にアンテナを立てて現場に向かっていく。それは決して単独行動ではありません。

方針を立てるのは担任ではありません、担任は上申することができます。「子どもの状態はこうで、保護者はこうで、今までこういう指導を重ねてきているお子さんなので、今回はこうしたいと思います」。そういう言い方はできるけれど、方針を決定し、責任を取るのは管理職なわけです。そこの連携・情報共有の順序を間違えないようにしないといけません。これが金八先生モデルではなくチームで生徒指導、つまり自己指導力をつけていく営みの支援となるのだと思います。

そのときのマインドセットで必要なのが、遭難者に非があるわけではないということ。いじめられていると親に言う子も、担任に暴言を吐かれていると言う子も、実際暴力を振るってしまう子も、その子に問題があるのではなく、その子が解決すべき課題はあるけれど、この子が悪くてそういう課題が起きているのではない。そういう考え方をもって、チームで当たっていくことが必要です。

それがあるから床と仲よくなれる。床に寝転がることができる。

「いつでもここにいますよ」「私はここでこういう活動をしていますよ」「こういうつもりで動いていますよ」ということを周りに、同僚に開示していきます。

そして「いつでも聞きますよ」「そのやり方まずいんじゃないの」「もっとこうしたら」という助言をもらったときに、いつでも聞く準備も整える。自分のやっていることを伝える準備というものを、「背中にアンテナ」と表現しています。

第1章で紹介しました若い学年団で教師観が変わったときと同じです。自分ではできないけれど、みんなでならできる。「一人でもできる」ではなく、「みんな」を増やしていったほうがもっといいのです。

つながりで「ユーザーエクスペリエンス」を磨く

「ユーザーインターフェース」と「ユーザーエクスペリエンス」

「ユーザーインターフェース」と「ユーザーエクスペリエンス」はIT用語です。インターフェースは操作する画面のことです。ここをクリックしたらこういうものが始まるというように、コンピューターとユーザーの間をつないでいるのがインターフェースです。これに対しユーザーエクスペリエンスは、ソフトなりアプリなりを使ったユーザーが、どんな経験をするのかということです。

これはかっこよく言っていますが、ユーザーインターフェースは教師の振る舞いのこと。そして、ユーザーエクスペリエンスはその結果、子どもに対しどんな機能が立ち上がるのかというところを考えていかなければいけないということです。

X（旧ツイッター）やインスタグラムもそうですが、お手軽な教育技術みたいなことであったり、「おばあちゃんの知恵袋」というような教育情報をたくさん見ることができたりします。しかし、それはインターフェースのことしか言っていないわけです。それは当然で、目の前にいる子どもがちがうし、子どもの個人情報をさらすわけにもいかないからです。でも発信している人の実体験には、子どもに対して、「これ、やったときに、こういうことが起きましたよ。こういうことが起きるってすてきじゃないですか」というものがあります。だから、ユーザーエクスペリエンスの視点が抜け落ちて伝わってしまうのです。

先ほど山岳救助隊モデルのことをお話ししましたが、結局、誰がどう動くことにより、どんな現象が起きていたり、どういう働きで子どもが変わったりしているのか、それを俯瞰して捉えることが大事だろうと思います。

そうすると教師も環境の一つ。教室環境もそうかもしれないし、施設・設備・空間なども全部含め、教師も環境の一つであるとして考え、ユーザーインターフェースが、子どもにとってどんな経験として機能していくのか。そのことを考えていかなければいけません。

つまり、自分の目で見た世界のことだけを問題にするのではなく、自分を少し上のところから俯瞰して見る視点をもち、子どもに何が起きているのかと考えると、かっこよくすてきな言葉で諭すのも、床に転がって一緒にごみをあさってみるのも、子どもの経験からすれば何が起きているのだろうと考えたときに、プライドだったり、パッと見たときのかっこよさだったりということは、優先順位が低くなってくるのだろうと思います。そういうところが、逆に自分の「見えてなさ過ぎ問題」かもしれません。

ただ、学校教育だけでやるのではなく、関係諸機関に協力してもらえるところにはたくさん協力してもらい、子どもにとっていい環境を用意して、その環境の中で育つチャンスをつくっていくことが重要です。教師一人の技術を磨くよりも、今は優先順位が高いのではないかと考えています。

「注目」という行動の発生原理

基本的に子どもたちは見てほしい、注目してほしいと思っています。それは大きな行動の発生原理の一つです。注目がきちんとされていないといったときの要求たるや、すさまじいものです。

寝ていたりだとか、押さえつけなければ駄目だという子どもがいたときに、そこに一緒に行くことで注目を与えてしまうことにもなり得ます。

その行動がややもすると、その要求が強化されてしまう部分もあるのではないかと思ったりするわけです。付かず離れずというような距離感。「注目してほしいんだな」とわかっているところをどう考えるのか。これはとても難しい。注目がほしくて暴力を振るうところが、確かにあると思います。

では、関係ができてきて、暴力を振るわなくなってきた代わりに何をするのかというと、授業をやっている前まで出てきて教卓の上に座るということもありました。正直すごく邪魔くさいと感じることもあります。でも邪魔しようと思って邪魔をするわけだから、どうしようもありません。

どうしようもないから、「黒板の前で授業できないな」となる。黒板の前から離れ、横に行って説明したり、後ろに行き「何ページ見て」とやったり。そこに直接相手をしてしまうと、また教務の先生に授業をしてもらわなければならなくなります。前に出てこられてしまうと、総体として授業の形にまったくならないわけです。時間が過ぎるのを待つしかありません。

その子の要求はどうしても自己中心的になってしまうものだから、「今から体育館に行ってサッカーしようよ」なんていうことを突然要求してくるわけです。教頭先生や養護の先生にお願いして、1時間目はだいたい体育館でやっていました。

私が担任する前の5年生の3学期はほとんど教室に入れませんでした。学級会に参加させようというだけで、もう号泣します。そういう子が朝から帰りの会まで、ずっと教室には居られるようにはなりました。でも、まだまだ授業の妨害もしてきます。切り捨てたほうが、授業として成立するのはわかっています。

でも、その子のお母さんは、集団になじんでほしいという願いがあり、その子が教室に居られるのは、家で数少なく言える「がんばった話」なのです。しかし、そこで暴力の被害を受けている子もいます。どうしたらいいか、本当にわからない。

その子の力が抜けたときは、特殊な状況でした。ある日、保健室で歯科検診があるので廊下に並んでいました。出席番号の関係で支援級の前にその子はいました。支援級の子も殴るふりなんかを、何の考えもなしにやってきます。「何やっているんだ、こらー」とか言いながら、また殴りかかっていくから必死で押さえる。そこを体育の授業に行く1年生が通り、余計興奮する、なんていう悪循環もあります。

でも、そのときに暴れ続けるかと思ったら、押さえたらすぐ力が抜けたことがあり、「何か変わったのだな」と感じました。

完全に寄り添えたとは思えていませんが、寄り添うために「ああかもしれない、こうかもしれない」と考え、試す。それが担任の仕事であり、醍醐味だと思っています。

第3章　授業づくり編

子どもの学びをつなぐ

授業づくりとは何か

授業技術をチューニングする

ここからは授業論についてお話しします。

誰にとっても必要な普遍的な授業技術ということで言えば、山崎克洋先生がやっている初任者支援（スタートアッププロジェクト通称スタプロ）で教えているような、ある程度のスキルとして抜き出したものをたくさん覚え、状況に合わせて引き出しから取り出し、場面に適応させていければ、一定程度はうまくいきます。こういう前提で、授業技術というものは伝承されてきたのだろうと思います。

私のやってきたことはどういうことだっただろうか。今改めて考えると、もちろん初任の頃にはそういうことを一生懸命やっていましたが、どこかで行き詰まるというか、授業に困るわけではないけれども、日々の授業を何とかうまくやっていこうということから、興味の中心がだんだんずれていったなと思います。

私の場合、最初に中学校で4年間勤め、それから小学校に移ったので、順調に階段を一段一段上るようにして今の自分になったというよりは、いくつかの断絶というか、危機的な状況があり、それまで正解だと思っていたことが通用しなくなったことが何回かありました。そのときにどうしたらいいのだろうと考え、変えていき、今になるということです。

おそらくこの構造は、若手の先生方においてもあまり変わらないのかなという気がします。教室を何とかもたせるということで、1年間、担任を務められるようになる。そして3、4年間務めたら、そこで最初の異動を迎えます。その異動先の学校でこれまでやってきたことがそのまま通用すれば、それは大して困らないだろうと思いますが、多くはその異動先でカルチャーショックを受けることになるのではないかと思います。

一人前の人間として迎えられるのだけれども、学校がちがい、子どもがちがい、教育観もそれぞれちがった先生方と、もう一回出会い直す中で、そのままだったらうまくいかないことも出てくる。通用しないことも、もちろん出てくる。これでいい、学級はこれで回ると思っていても、新しく同僚になった先生から、「あの人、何をやっているの?」と思われてしまうこともよくあります。

そこで「前の学校ではこうだった」と言うと、余計に敵を増やしてしまう。結局、この学校ではどうすることが全体として幸福度が上がるかを模索し、チューニングする作業を

1年なり2年かけてやるのだろうと思います。

仮に若い先生が身につけなければいけない授業技術があったとして、今の自分が同じかというと、たどってきた道はたぶん同じだと思うけれども、そういういくつかの断絶を経験する中で、みんなそれぞれちがった先生になっていくのではないかと思うわけです。そのターニングポイントで、それぞれの出会いがあったり、自分の中を深掘りして気づきがあったり、家庭環境が変わったり、そういうことがいろいろ作用して、その人らしい教師になっていくのではないでしょうか。

私の場合、第1章でも書いたように、まず中学校で勤め、自分の子どもが障害をもって生まれてきたこともあり、療育のために函館に移ったら、小学校しかないと言われ、小学校での生活が始まった。そして4年、5年、6年生ともち上がりました。今考えると、中学校で身につけた技術なり、授業づくりの方法論のようなものを小学生向けに薄めて使い、うまくいかなかったということだと思いますが、そこで周りの先生の強い推挙もあり、校長先生も「藤原、このままでは駄目だから、目先を少し変えてやろう」と思ったのかと思います。初めて1年生の担任になり、どうにも自分のやることが子どもたちに通用していないと感じることがあり、そこのチューニングが大きな転機になったわけです。

あとは、小さな学校から、学年に3学級ある学校に移ったことなど、やはり環境が変わるごとに、自分のやり方が少しずつ変わっていったのだろうという気がします。

授業パフォーマンスとは

飛び込み授業のように、その場限りでつくっている授業は、授業というより授業パフォーマンスで、ある程度わかりやすいフレームの中で面白い仕掛けがあったら、どこへ行ったってうまくいく。それを2つ3つくらいつくり、使い回せばある程度は回ります。

渡辺道治先生の飛び込み授業の本である『授業を研ぐ』にあるように、そのエッセンスから授業技術、教師力が上がる方法というのも、確かにあるでしょう。あるいは、いつでもどのクラスでも休みをとられた先生のかわりに補欠にも入らなければいけないという立場であったなら、パフォーマンス的授業の引き出しはたくさんあったほうがいいでしょう。「休みな、休みな。早くお子さんのところに帰ってあげな」と言い、その後、暴れ回る3年生の授業を3、4、5、6時間とやって帰すようなスキルは、とても上がると思います。

ただ、クラスの中で一番かまってあげなければいけない、学力が低かったり、人間関係をつくるのがとても苦手だったり、他害的に関わるしかなかったりする子に対し、授業パフォーマンスが届くかと言ったらそうでもない。授業パフォーマンスが届くような状態にまでその子をもっていくことができたなら、それはもう本当に大きな仕事をしていると言えます。それは、スポットの当たるゾーンがちがうということかと思います。

まず、学校自体に適応しきれていないお子さんを、いろいろな環境調整をしたり、その子自身の中に力をつけていき、みんなが乗るべき授業という船に乗るという構えができたところで、パフォーマンス的なものが、さらに意欲を喚起したり、意欲を継続させたり、最後の少し足りなかった理解を促したりといったことでは機能すると思います。飛び込み授業のパフォーマンスが不要ということではなく、出てくる順番がちがうという話です。

授業づくりからカリキュラム・マネジメントへ

授業を語るうえで、必ず行きつくのはカリキュラム・マネジメントです。

カリマネができるようになっていく最初の一歩は、「あの教科のこれと、こっちの教科のあれをつなげたらいいじゃん」と思えるかどうか。すごく初歩的な話をすると、『きつねの窓』で指を青く染め、その窓からすてきな世界が見えたところに感動した子どもたちと一緒に、図工で指の窓の中に何が見えるか、描いてみる。図工と国語をくっつけるのが、わかりやすいカリキュラム・マネジメントです。

それに音楽で、作曲してみよう。音遊びからコード進行の勉強をして、カノンコードに合わせて好きな音を当てていき、この絵に合う『きつねの窓』のテーマソングになるような曲をつくろう。そうしたら、国語と図工、音楽のカリキュラム・マネジメントが生まれてきます。

そして、どういうことに心を動かしたかというと、生死を越えて大事なものがあるということ。そうすると感動、畏敬の念、道徳の授業がそこに重なってくる。このようにつながりのあるものを意識して行っていきます。単元や授業を入れ替えたりして行っていくのが、カリキュラム・マネジメントの最初の一歩だと思います。

そこから始めて年間指導計画全体を見ていったときに、こことここはもともとつながっていたのだなという意識が働いていく。そうすると次の段階として、総合の全体計画をつくってみよう、道徳の全体計画をつくってみよう。やがて教育課程全体をつくってみようとなっていくと思うのです。

そこには学校の教育目標があり、保護者、地域の願いがあり、今この時代に育てていかなければいけない資質・能力があり、いろいろなものに視野が広がっていったときに、教育課程を編成するという難しさと面白さに気づいていくと思います。

授業者の視野が広がる

そこまでいくと、どちらの方向に授業をつくっていくのがいいのか、学校の教育目標は確かにずっとあるけれども、今の時代においては大事だとされているものは変わってきています。

国の教育施策。たとえば、最近で言うと、教育振興基本計画第四期が出ましたが、そのもとになっているのがＯＥＣＤの「ラーニング・コンパス２０３０」です。今度は国際的な動向も目に入ってくる。ここ10年、20年ぐらいずっと話題に上ってきたＴＩＭＳＳ、ＰＩＳＡの国際順位が、日本の国内において学力低下論とどう結び付き、総合がやり玉に挙がってきたりとか、そういった話と教育界の動向、教育史のようなものと結び付いていくのです。

このように視野が広がっていくと、より高次の情報に目が向いていき、そこから下ろして今の目の前の子どもたちにどういう授業をしたらいいのか、往復するのが面白くなっていくと思います。

情報の鉱脈

そうこうしているうちに、なんでスタンダードをやらなければいけないのか。なぜ秋田モデルが大事だと言われているのか。基礎・基本のドリルと言われてやっているけれども、生活科で子どもと石を集めてきて、磨いて色を塗っているほうがずっと楽しいのではないか。だって、子どもも生き生きしている。こういう実感が自分の中に貯金されていきます。

毎日のことに悪戦苦闘しながらも、その経緯を探ると、スタンダードと言われるものの成り立ちを理解することができます。歴史の中の自分の現在地がわかる。「だったら一生懸命やろう」になるのか、「だったら、ここはやったことにして手を抜き、こちらをやろう」というように、ずるさというか、賢さというか、自分の裁量を働かせていくような意識もだんだんできてくると思います。

初任の仕事の中にも、そういうことが芽生えているのだろうという気がします。それを人のせいにして、SNS等で悪口ばかり言っていては駄目です。自分で何とかできる、何とかしたいと思い、もがいているうちに、そういう「情報の鉱脈」に当たり、あれはこういうことだったのだと思う瞬間がやってきます。

そうなってくると、「地域との連携」についてもお話ししないとなりません。地域との連携が大事だから、それを始めたわけではありません。同時進行でいろいろやっている中で、俯瞰してみたら、同じことをそれぞれでやっているのだと気づくことができました。

一つはまちづくりの活動です。函館というまちが、このまま人口減少していったら、今の美しい百万ドルと言われる夜景も、所々明かりが消えたような、どこか悲しい夜景になっていく。そういう話を聞いたときに、それはまずいなと感じました。

そこで、まちを元気にするイベントであるマルシェや、函館蔦屋書店が開業する前のプレイベントをやったり、はこだて国際科学祭のスタッフになったり、いろいろやっていきます。これらは授業づくりと一緒だなとか、この人は面白いな、総合のゲストティーチャーで来てもらおうとか、そうしてつながりを見出していきます。やっていることはバラバラだけれども、つながりが見出されていきます。「情報の鉱脈」と先ほど言いましたが、まちづくりと学校で言うならば「人材の鉱脈」です。子どもたちに会わせたいと思う、すてきな大人たちを知ることができていきました。

すてきだと思える人は、まだまだたくさんいます。外に出れば出るほど、学校の中にもってこられるリソースも増えてきます。それを後から名前を付けるとすると「地域連携」という名前になるのだと、私は思います。

これも後から思い起こすと、ＯＥＣＤの「ラーニング・コンパス」のＡＡＲサイクルになっているわけです。見通しをもって行動し、リフレクションするというサイクルですが、これは必ずしも見通しからスタートするわけではなく、どこから始めてもいいのです。

たとえば、私のＩＣＴ端末使用の取り組みは、まずアクションから入っています。アクションして、使ってみて、失敗も起きてきた。駄目な使い方も出てきた。それをリフレクションして、もともとどのように使うためのものだったっけ。これがなくなったら、何が困るんだっけ。使い続けるためには、どうしたらいいのだろう。こういう約束で使えばいいのだね。では、それでやってみよう。そうやって見通しをもって次の活動に行くわけです。

ＩＣＴと授業力

「令和の日本型学校教育」の議論が進む中、教員養成部会が、ファシリテーション能力が必要ではないかと言い出しました。「主体的・対話的で深い学び」の視点は、要するに教師が活躍する、教師主体の学習、「教え方」の追究から、学習者主体の学習で「学び」の場づくりに関心が移ったことを示しています。

これまでは、初任の先生方に授業技術を言語化し、こうやってやればいいよと、これまでは「教え方」の追究をしていたわけです。そして、そこからスタートするにせよ、学習者主体の学習にもっていくために、「学び」の場づくりを考えていかなければいけないということになった。そこでファシリテーションということも言われてきました。

これはざっくり言うと教師の役割の変化です。教師が正解をもっていて、それを正しく効率よく、的確に子どもたちに下ろすという授業観から、子どもが発見し、それを後から内省して次の学びへと向かっていくこと。そういう可能性が高まる環境をいかにデザインするかという話です。

これで言うと、一人一台のパソコンは、教師が正解を子どもに下ろすために使うよりも、共同編集、共有ドライブを使い、子ども同士がつながり、その中で勝手に発見が起こるという下の授業になっていく。そのほうが、効率がいいわけです。ですから、そういった意味でも、授業技術は、これから先もどんどん重要性が増していきます。授業技術としてのＩＣＴがあるのだろうと、今の私は捉えています。

授業の熟達はどこに向かうのか

現在地から見えていること

初任の頃のほうが、きちんと授業をやっていたなという気がします。発問、板書計画も丁寧に考えていました。

もともと大学生のときに進学塾でアルバイトをしていたので、塾でやっていたような授業を学校でもやってしまっていました。しかし、子どもの興味を引き出したり、自ら調べていきたいと思えるような素材に出合わせたりする（「出合わせる」という使役動詞を使うのも気持ちが悪いですが）、そういう環境調整のほうが大事ではないかと思い始めてきて変わっていきました。

環境調整した上で、どういう授業技術を使って全員に説明を通すかということはもちろん大事なので、初任時代の学びはまったく無駄ではないし、ちがうことをやるわけでもないですが、大事なことの優先順位が変わってきたなという気がします。初任の頃は、自分が何をどう教えるかが大事でしたが、最近では、子どもの中に何が起きているのかを大事にしたくなりました。

今の私の武器は、「子どもに聞ける」ということです。「この後どうしたい?」とか、「やりたいことはなに?」とか。

これからは、どういう授業をやっていこうかと考えたときに、とりあえずは「ラーニング・コンパス2030」にある「ウェルビーイング」をテーマにします。2030年の時点で子どもたちにこうなっていてほしいなという、このラーニング・コンパスのモデルを自分の授業で全部説明しきれたら、幸せを感じるかもしれません。クリエーティング・ニュー・バリュー、新たな価値をつくり出す力とはこういうことだと、授業で具体例を示して伝えたいと考えています。

ルート・ファインディングを考える

「自分と同じ山のてっぺんを目指し、ちがう道から登ってきた人がいた」

これから先の教師の修行、教師の腕を磨くことについて考えたとき、この言葉が大事になってくると思います。

私がつくるセミナーでは、一つのテーマに対しアプローチがちがうであろう二人を出会わせることをします。そこで何が起きるのだろう、そういう発想です。

授業の名人がいて、その背中を追いかけるというモデルが旧モデルだとしたら、新しいモデルは、登山の言葉で言うと自分なりのルート・ファインディングをするということになります。自分で道を見つけて上に登る。もはや登る山が同じである必要すらもなく、それぞれの山でどこまで行けるかなという姿勢、態度、そういうものがあれば、きっと教職という仕事を楽しめるのではないかと思います。

もし私のような教師を目指すとするならば、私と同じことをやりたいとするならば、今からフルマラソンを走るためのトレーニングをたくさんしなければ駄目だよ、フットサルリーグを立ち上げなければ駄目だよ、ビブリオバトルも月1回、2年間やらなければ駄目だよ、となります。まったく同じことをやりたいのであればそうなります。そもそもそんなことができるのかという話になります。だから、自分は何がしたいのかが重要になってきます。

第1章でもお話ししましたが、私は師匠から、「おまえのやりたいことは何だ」ということをずっと言われてきました。また、「まねはするな」と言われてきました。まねをしていると、逆に叱られました。まねでないものを持ってこいと、いつも怒られていました。

自分の道を歩く中で、たくさん悩み、たくさん先輩たちに相談していくとよいと思います。まず、悩まないことには動かないわけです。そしてその悩みは、あなただから悩むことができているのです。

そして、この本でもお話ししたように、環境が変わるたびに挫折があったりして、そこでアダプトしていく。自己調整していく。そんな自分を振り返ってみると、自分はこういうことがやりたい教師なのだと、後から発見されていくのではないでしょうか。

これはラーニング・コンパスと一緒でしょう。アクションして、リフレクションして、アンティシペーション（見通し）をもつ。やはり置かれた環境の中のサイクルをきちんと回していくことになると思います。

ずっと同じところを回っていることもできません。外在的なものがあり、言語化できていくのですね。Taking responsibilityとは、そういうことではないでしょうか。

授業論に終わりはありません。そもそもその高みを目指していくイメージが、今の私にはまるでありません。面白いからやっているだけなのかもしれません。

第4章 授業実践編

地域と子どもをつなぐカリキュラム・マネジメント

修学旅行で、自分が興味をもったものを深く深く追究していき、それを探究レポートとして本にしようという実践です。

先におまけの話をすると、この探究レポート集は函館市中央図書館が主催する「調べる学習コンクール」に応募し、クラス全員が入賞で得た図書券をどう使うのかというコンペ（お楽しみ会）をしました。

この単元の動機としては、まちを好きになってもらいたいということです。左図を見ていただくとわかるように、「道徳科」が4つ、並んでいます。

きっかけとなったのが総合的な学習の時間です。スタートが「『函館』は好きですか」という問いでした。「もちろん好き」と言う子が多いです。「地域ブランド調査」では、2014年から2016年まで3年連続1位を取っています。コロナの間もずっとトップ3に入っていました。札幌や京都にその座を譲り渡すことはあったけれども、「函館」は観光客にとても人気のあるまちです。

ただ、42中核都市住民幸福度ランキングでは42位ということで最下位。外から見るととても魅力的なまちなのに、中に住んでいる人にはそれほどでもないどころか、順位は最下

総合的な学習の時間「道南の魅力見つけ隊」：単元の全体イメージ

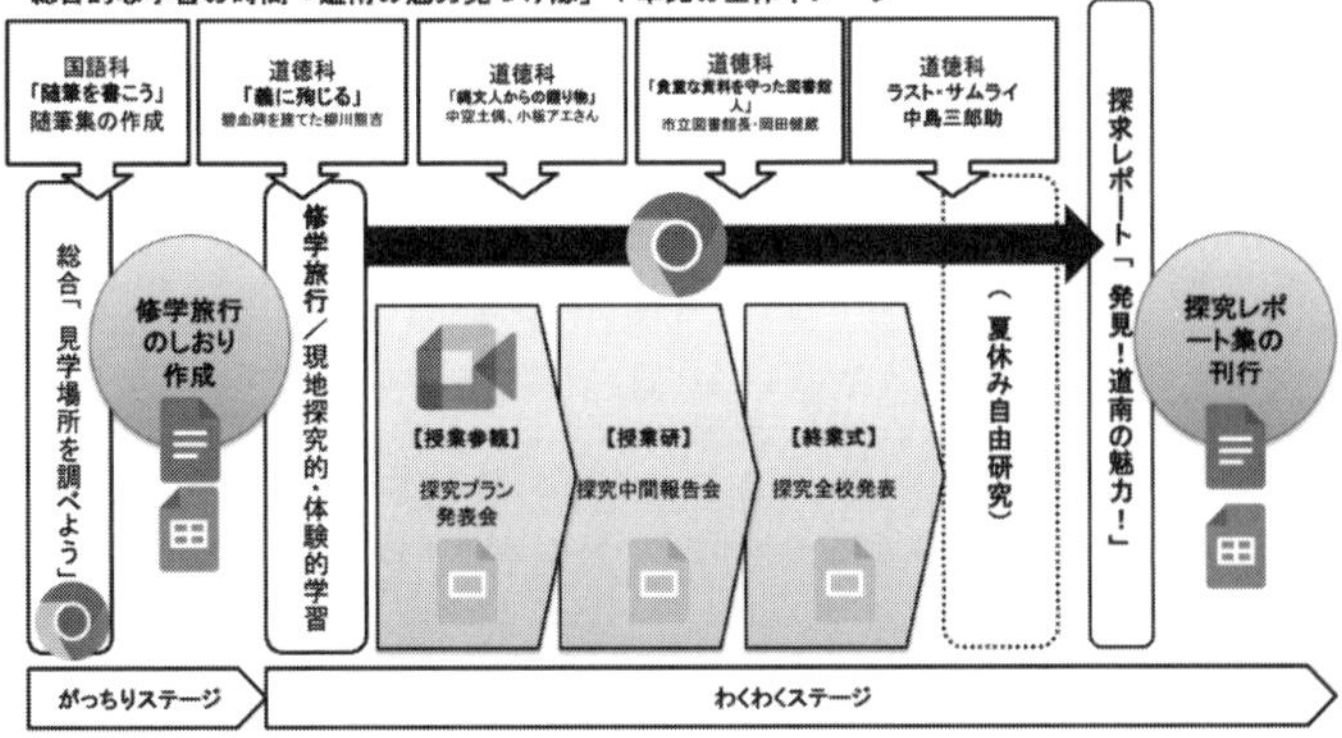

位。これはどうしてだろうという話をして、子どもたちにどちらを調べていきたいかと聞いたら、ランキングの低い理由なんて調べてもしょうがないので、ランキングが高い理由を調べていきたいとなりました。

では、なぜ高いのだろう。もしかしたら、こういう理由で高いのではないのかなということで仮説を立てます。そして、授業参観でプレゼンします。1位になったのが「映《ば》えるから」。インスタグラムなどに投稿したらすごく映えるからではないかと考えました。

それで、5年生のときに「映える写真を撮ろう」ということで、「映え写真プロジェクト」を行いました。函館市の公式観光インスタグラマーの伊藤尚さんをお招きし、「映え写真を撮る」という総合的な学習を1年間やりました。端末を使って写真を撮り、それを「ふるさと写真コンクール」に応募したら、それも3人が入賞しました。そこからの流れで、もっと本物に触れていこうということで、道徳の授業を絡めながらやっていくわけです。

「中空土偶」の授業

次頁のイラストは土偶です。この5つに共通することは何でしょう。これは全部国宝なのです。土偶の中で国宝になっているのは5個しかありません。そのうちの一つが函館にあります。ただ、この土偶はすごく珍しくて、他の4つが縄文時代の遺跡、つまり「ここには何かが埋まっている」とわかっているところから発掘されたけれども、この土偶はなんとジャガイモ畑から出てきました。家庭菜園から偶然出てきたら、とんでもない価値のある土偶だったことがわかったのです。

そこで「あなたが発見者だったら、どうしますか?」と問いました。子どもは正直ですから「売る!」と言います。お宝鑑定団に出し、テレビに出て有名になるとか、そんな話をしているわけです。

では、これを見つけた小板アエさんは、どうしたのだろう。「拾ったんじゃない、当た

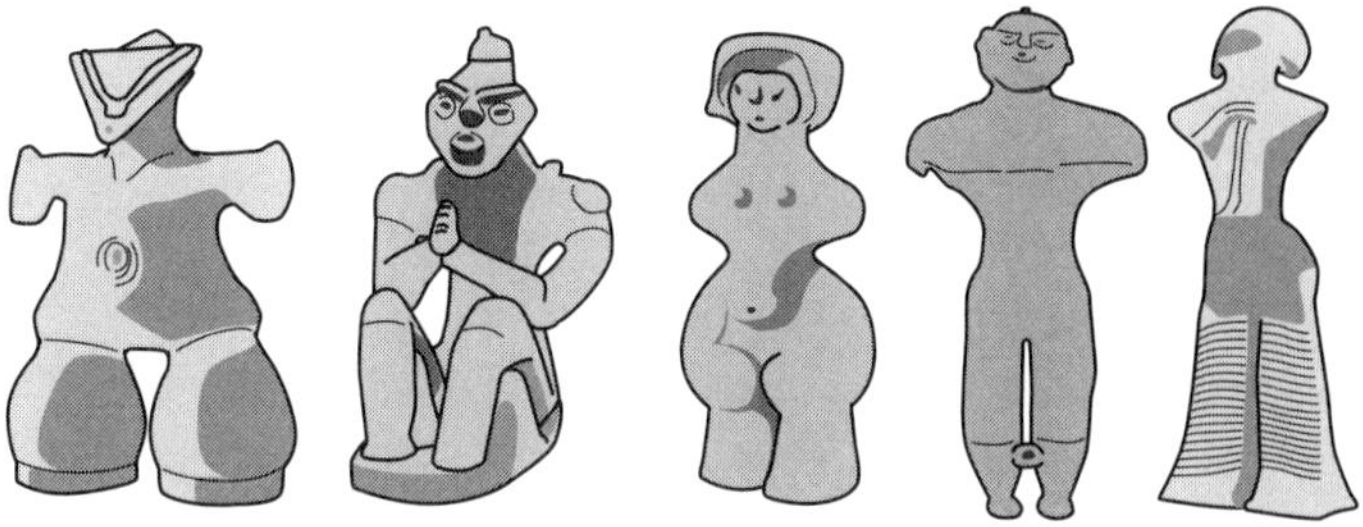

ったのだ。まちのみんなのものなのだ」ということで、南茅部町に寄付します。

そこで、「先生は思うのだけど、アエさんは、よくわかっていなかったのではないのかな。こんなに貴重だと知ったら、後から後悔したりもしたんじゃないのかな。あなたがアエさんの友人だったとしたら、何と声をかける？」と発問して、ロールプレーをやってもらうと、「あなたが自分で決めたのだから、それでいいのだよ」と言う子がいたり、「あなたのおかげで、このまちにこんな貴重なものが残ることになったよ。ありがとう」などと言うわけです。そうして世界遺産へとつながっていく。

この世界文化遺産に登録する条件は二つあり、一つは人類普遍の価値があること。つまり、世界中の80億人と言われる人間が、誰にとっても価値があるものだと認められること。

もう一つが、保存に対する地元の熱意があること。つまり、そこに住んでいる人が、ずっと大事にしていきたいと思わなかったら世界遺産にならないわけです。「みんな、これから世界遺産として守っていきたいと思う？　どう思う？」「守っていきたい」「自慢したい」。そういった声が上がります。

生徒の一人が、「先生、これからもずっと函館にあるの？」と聞きました。これだけ貴重だから、国立何とか博物館に持っていかれてしまうのではないかと思ったようです。「大丈夫だよ。この函館というまちがある限り、そして、みんながこのまちに置いておきたいと思う限りは、ずっとあるよ」と言って授業を終えました。

「中島三郎助」の授業

次の授業に移ります。この人を知っていますか。子どもたちは知りません。中島三郎助という方です。この人は何をしたかというと、浦賀沖に来たペリーの黒船に初めて乗り込んだ日本人です。しかも、うそをついて乗り込んだ。その日、たまたま上司がいなかったので、自分は副奉行であると偽り、黒船に乗り込みました。当然、身分を偽るのは重罪ですので、幕府に知られたら死罪は免れません。幕府に呼び出された中島三郎助は、いろいろ聞かれます。いくつかの質問の中で、「黒船、どうだった？」と聞かれます。そこで、すごく丁寧に見て、記録を取ってきていて、しっかりと報告した結果、「では、おまえが

中島三郎助（なかじまさぶろうすけ）

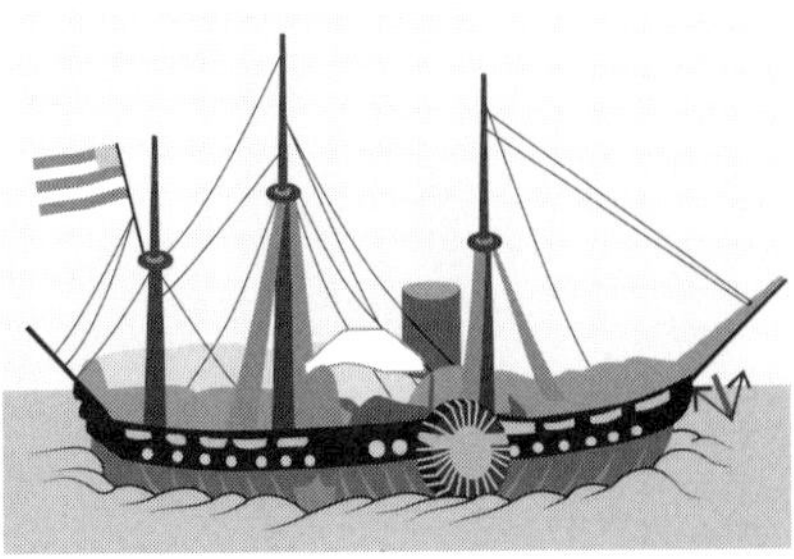

軍艦をつくれ」ということで、長崎海軍伝習所の一期生として入学し、日本初の軍艦「鳳凰丸」を建造します。

このようにとても有能な人でしたが、戊辰戦争の際は幕府軍の味方、機関手として乗り込みました。そして、戊辰戦争のときには、函館の千代台というところに陣地を構えます。五稜郭で戦争が行われたのではなく、本陣は千代台にありました。左のほうに海があり、この函館湾に明治政府の軍艦が入ってこられたら、艦砲射撃で五稜郭などはひとたまりもありません。だから入ってこないように、弁天台場というところから軍艦に向けて射撃も行える状態にしておきます。

そうすると、明治政府軍としては、その弁天台場さえ抑えてしまえば、もうそこで勝敗は決するわけです。そこで明治政府軍は函館山の断崖絶壁を乗り越えて奇襲攻撃をかけ、台場を占領します。新選組の最強戦士、土方歳三はその戦いの中で命を落とします。

さあ、弁天台場が落ちました。あとはもう降伏するしかない中で、中島三郎助は、五稜郭にいた榎本武揚からの「降伏せよ」という命令を拒みます。そして、明治政府軍の総攻撃を受け、戦死するわけです。

その場所が函館市にあり、辞世の句「ほととぎす　われも血を吐く　思い哉」を残し、息子二人ともども討ち死にしていきますが、どんな思いで降伏することを拒んだのでしょうか。そして、今もある中島町という町名、これは中島三郎助の名前を取っているわけです。「そのように、先人たちが思いを残していったこのまちを、君たちはどのように次の世代に語り継いでいくのでしょうか」などと言って授業を終わります。

「碧血碑《へっけつひ》」の授業

続いて、碧血碑の授業です。この場所に行ったら何をしますか。山の中にぽつんとある、少し怖い場所です。最初に子どもに聞いたら「何もしない」「手を合わせる」そして「肝試しをする」などと言う不届き者もいました（笑）。

碧血碑の「碧」はエメラルドグリーンです。「血」は血。エメラルドグリーンの血とは何でしょうか。お祭しのように、ここは五稜郭の戦いで亡くなった兵士が祭られている、そういう石碑です。それは大変立派なものです。「ここに祭られているのは、A・明治政府軍の兵士の遺体、B・幕府軍の兵士の遺体、C・両方の遺体」などという問題を出します。

ここには、旧幕府軍の796のご遺体が祭られています。なぜかというと、明治政府軍は天皇を担いで戦争を始めているわけですので、幕府は朝敵です。朝敵の遺体は埋葬することはまかりならんということで、埋葬が禁じられ、箱館戦争が終わった後の市内には、幕府軍の遺体がたくさん残されていたのです。

それは人の道にもとるということで、柳川熊吉という侠客、平たく言えばやくざの親分ですが、今のやくざとちがい、警察や消防の役割を果たしていました。それで、千人いたと言われる配下の者たちをすべて破門して、つまり、その人たちに罪が及ばないようにして、自分一人で埋葬を始めます。夜になり、その埋葬作業をしていると、あちらの家から一人、こちらの角から一人と出てきて、覆面で顔を隠しながら手伝い、1週間のうちにすべての遺体を埋葬しました。

「あなただったら手伝いますか?」と子どもたちに聞きました。死体を触るのは怖いかもしれないし、捕まったら、自分も死罪になるかもしれません。でも、捕らえられた熊吉は「間違ったことは一つもしていない」と言い、非常に堂々たる態度で調べを受けます。その姿を意気に感じた薩摩藩士の田島圭蔵が、このような立派な人物をなくしてはいかんということで無罪放免となり、その後、この人は90歳近くまで生きました。墓守として、ここで一生過ごすわけです。

この碧血碑という文字は、田島圭蔵が揮毫したものだと伝えられています(中村正直説もあり)。さて、この場所に行ったら何をしますか?

子どもたちの心も変わります。心の中で「ありがとうございました」と言って手を合わせるとみんなが言いました。でも、知らなかったら、ただの怖い場所です。知ることで変わります。自分の生まれ育った函館に、そのような思いが育っていきます。

「岡田健蔵」の授業

そして、本好きが多い子どもたちへの授業、岡田健蔵の授業です。とてもすてきな建物が函館公園の中にあります(次頁写真)。今は使われていません。この建物は何でしょう。何に見えますか。「病院」と言う子どもが多かったです。

これは旧市立函館図書館です。コンクリート造りで、すごく立派な装飾もされています。昭和3年から平成17年、つい最近まで現役でした。私も子どもの頃、何度もここに本を借りに行きました。

昭和9年、函館大火。大災害が起きたときに、牢屋に入っている囚人を一時的に解放してよいという法律がありますが、その法律が実際に発動されたのは2回しかありません。1回は関東大震災、そしてもう1回が昭和9年の函館大火です。

「この大火で失われた資料は何点ぐらいあったでしょうか?」という質問をします。実はゼロです。市内ほとんどが焼き尽くされたその大火災の中で、一つも失われなかったのです。というのは、火事の多い函館には、耐火コンクリート製の図書館をつくらなければいけないと固く決意して実現した人物がいたからです。岡田健蔵と言います。

この人は、もともと自分の家を改装し、私立の図書館をつくるぐらい、本の大切さを知

っていた人です。それから、たくさんの富豪たちに寄付を募りながら、函館公園内に私立図書館を開設します。北海道で本が一番あった図書館です。後に自ら市会議員となり、函館市の予算を確保し、市立図書館をつくります。

ただ、極貧の生活を送るわけです。給料、生活費を本の収集、資料の収集に充て、スタッフを雇うお金もなかったから、家族を職員として働かせる。貧しい暮らしの中で、子どものうちの一人は栄養失調で亡くなっていく。そこまでして図書館を経営していく。健蔵を突き動かしていたものは何だったのでしょうかと問います。

岡田健蔵の娘さん、岡田弘子さんは96歳で亡くなりましたが、岡田健蔵の跡を継いで図書館長になり、いま図書館の館長として活躍している人たちを何人も育てています。それから、ＮＨＫで函館のドラマがあったときには、正確な史料にあたるために取材陣がこの図書館を訪れます。明治時代の研究をしている海外の研究者も、まず函館に来ます。そのぐらい貴重な史料を集め、残した人です。こういった歴史と人物を扱った授業です。

「日本最古の観覧車」の授業

最後、日本最古の観覧車です。次頁の観覧車、少し違和感がありませんか。小さいですね。そして横向きです。これはアメリカ式と言われる観覧車で、現役稼働中の観覧車の中では日本最古のものです。

これを今も整備し動かしている人が、函館公園「こどものくに」マネージャーの加藤大地さんです。若い方です。もともとテニスプレーヤーでしたが、現役を引退し、函館に帰ってきます。そして、父が経営する函館唯一の遊園地、函館公園『こどものくに』でマネージャーとして働きます。お父さんが経営していますが、つくったのはひいおじいさんです。親子三代にわたり守ってきたこの観覧車を受け継いでいます。

実は、この授業をする予定はなかったのですが、修学旅行で函館公園に行き、調べ学習をしていました。私は、「子どもたちがいろいろ走り回ってすみません。お世話になります」と挨拶に行ったら、「観覧車、乗りますか」と声をかけてくれました。しかも営業時間開

始前でした。「ぜひ乗っていってください」。それで私も、函館公園は広いですが、公園中を走り回っている子どもたちを集め、全員乗せました。

「よかったね、みんな乗せてもらえて」と言ったら、子どもの一人が「私のおばさん、あそこの公園で働いている」と言いました。「そうなんだ。では、加藤さんにここに来てもらおう」と言い、私たちの教室に来てもらいました。

日本に一人だけ、観覧車研究者がいます。福井優子さんです。加藤さんはこの方の弟子です。それで学校で授業をするとなったときに、ほぼ一点ものの貴重な資料を持ってきてくださいました。この観覧車を北海道文化財に登録するときに必要な図面。「あそこに行って乗れてよかったね。そして、こんな歴史があると知って、よかったね」。そういった授業でした。

「道南の魅力見つけ隊」ということで、修学旅行では、今までお話ししたように、実物に触れていきます。本物に触れ、かつ「ワンダフル函館」という単元では、船に乗り、函館の港の浚渫作業、海底の泥をさらう作業を見に行くという授業をやりました。

それをスプレッドシートで全員に共有し、どういうことを書いているのだろう、どこまで書いたのだろうと、お互いにいつでも見られる状況にします。そうすると、「こう書けばいいのか」「このテーマの掘り下げ方、すてきだな」と思った子どもたちが、教師の知らないところで学び合い、すてきな文章をつくっていきました。

授業としての組み立ての精緻さ、巧緻性はあまり気にしていなくて、多少粗い授業。粗いと思いますが、子どもたちは自分の地元のことだから本気になるし、実際に現地に行くので、すべてそこで回収されていきます。授業の時間、45分の技術を高めようという発想ではもともとつくっていないので、出合ったときにいかに感動をもたらすかを大事にします。物語が入っていくと感動も大きくなるわけです。感動が大きくなることで、興味をもつから調べ続けたくなります。ＡＩ時代だからこそ、出合ったときの原初的な感動、「エモい」という感覚をベースに置かなければいけないだろうと思うのです。

子どもは地域素材を好きになります。教科書に載っている、自分とは縁もゆかりもない偉人とか、スポーツ選手もすてきかもしれないけれども、東京オリンピックなどはとっくに終わってしまっていますし、そんな教科書を読まされるよりは、地域にこれだけすごい人がいたのだということは、話を聞くだけでカタルシスになる。地域教材で、今度は先生のつくった授業だよと言うと、「やったー」となっていきます。

今回は、単元づくりにおいて、道徳をちりばめています。道徳は内容教科ではないわけです。道徳的価値に対する考えを深める時間だから、素材自体は何でもよく、ただ教科書使用義務があるというだけでしょう。だから内容面でのフレキシブルさがあります。また、私は地域道徳の研究をずっとしてきたという強みもあります。

総合の授業においても、「地域」がカリキュラムの柱としてあります。「まちづくり」をずっと通しています。私は過去に教務主任をやっていて、総合の全体計画・年間計画をつくり、矛盾なく題材を配列していました。

おわりに

本書を手に取ってくださった皆さん、本当にありがとうございます。一介の教員に過ぎない私が、ライフヒストリーを語る場を与えられるなんて、我がことながら驚きです。

しかしながら、これが読者の皆さんの何の役に立つのか、甚だ心許ないというのも正直な気持ちです。実際に編集の北山さんから本書の企画をいただいたときには「いやいや、こんな無名の教員の歩みなんて誰も興味ないでしょう！」と一度は断ったのですが、北山さんの熱意に押される形で「それなら……」と思い、腰を上げた次第です。

ですが、９割ほど書き上げたところで「やはりこんな大それた本を自分が書くなんて……」という躊躇いが生じてしまいました。早々にでき上がっていた原稿を長いこと自分の手元に留めおいたのもそういうわけです。いつの間にか季節も一回りしようとしていました。それにもかかわらず辛抱強く待っていただいた北山さんには頭が上がりません。本当にお待たせしてしまいました。

さて、教育学者の秋田喜代美先生は、教師の生涯発達研究に関して４つのモデルを提示しています。

①　成長・熟達モデル
②　獲得・喪失両義性モデル
③　人生の危機的移行モデル
④　共同体への参加モデル
秋田喜代美、二〇〇二年、「教師が発達する筋道－文化に埋め込まれた発達の物語」、『授業で成長する教師』、ぎょうせい、二十八頁

まず、①の「成長・熟達」モデルとは、経験を重ねるとともにできることが増えていくというモデルです。シンプルでわかりやすいですよね。

次に、「獲得・喪失両義性モデル」とは、何かができるようになったときに、かつてはできていたことができなくなってしまうという、獲得と喪失は表裏一体であるとするモデルです。若いときには寝食を忘れて教育に打ち込み、子どもに体当たりで接していた教師が、学年や分掌のリーダーを任されるなどして、一歩引いたところから全体を俯瞰する視座を手に入れたとします。そうするとこの教師は、リーダーの立場から離れたとしても、無我夢中を旗印とする実践スタイルに戻ることはできないでしょう。

それから、本書の中でも私が語りのスタイルとして多用しているのが③の「人生の危機

的移行モデル」です。我が子のこともそうですし、職場でうまくやれないことや、学級の子どもに関わって様々な「危機」を経験します。その危機に際して葛藤し、紆余曲折があり、自分が経験した様々な事実を自分にとって意味があるものだと解釈しながら教職という仕事を続けてきました。

最後に④の「共同体への参加モデル」は、組織の中で中心的な役割を担っていく過程を教師の発達と捉えるモデルです。わかりやすく言えば、学級担任から学年主任、分掌の長、そして管理職への道がこれにあたるでしょう。

これら、秋田先生の４つのモデルを知ったのは、本書を書き上げたあとでした。そして、「人生の危機的移行モデル」を本書に認めた自分のライフヒストリーに当てはめ、「あぁ、要するに凡才の自分は、壁にぶつかったときに少しばかりの成長ができたんだな」という納得が得られた次第です。それが、一度は頓挫しかけた本書の執筆を最後まで続ける原動力になりました。つまり、「どうしたらいいかわからないときに、どうしたらいいか」を考える縁《よすが》として、決してスマートではない凡人の歩みを一つのサンプルにしてもらえればいいのだ、と割り切ることができたのです。

そういうわけで、本書には画期的な実践が書かれているわけではありませんし、何らかの悩みに答えが与えられるわけでもありません。ただ、いろんなことを面白がって取り組み、「この指とまれ」で仲間を集めて楽しいことをするのが好きな一教員の姿が書かれています。ちょっとうまくいっては自分の力を過信し、手痛いしっぺ返しを受け、膝小僧を擦りむきながら歩んでいる普通(やや多動傾向がありますが)の教員の姿があるだけです。

読者の皆様におかれましては、気楽に読み流していただくのが一番です。何か間違ってお役に立つことがあるとすれば、「こんな人でも楽しんでいる」「どうにもならないことはそれほどない」という楽観が得られたらいいかな、と思います。

教師のなり手がいない時代です。働き方改革待ったなしの状況の中で、何をどのようにしたら教師としての働きがいが生み出されるのかというのは難しい問題です。言い換えれば、教員としてのキャリア形成の方向性というものを見出し難い時代とも言えます。

ですが、せっかくなら、この教師という仕事を楽しみながら生きていたいと思います。そう考えて四半世紀を過ごしてきた私の、失敗も含めた小さな歴史が誰かの元気につながれば、こんなにうれしいことはありません。

最後に、本書を構成するにあたって、インタビュアーとして協力してくれた小林雅哉さん、山崎克洋さん、渡辺道治さんに感謝の言葉を伝えて筆を措きたいと思います。お三方の協力がなければ本書は成立しませんでした。ありがとうございました。

藤原友和

小林雅哉先生によるグラレコ

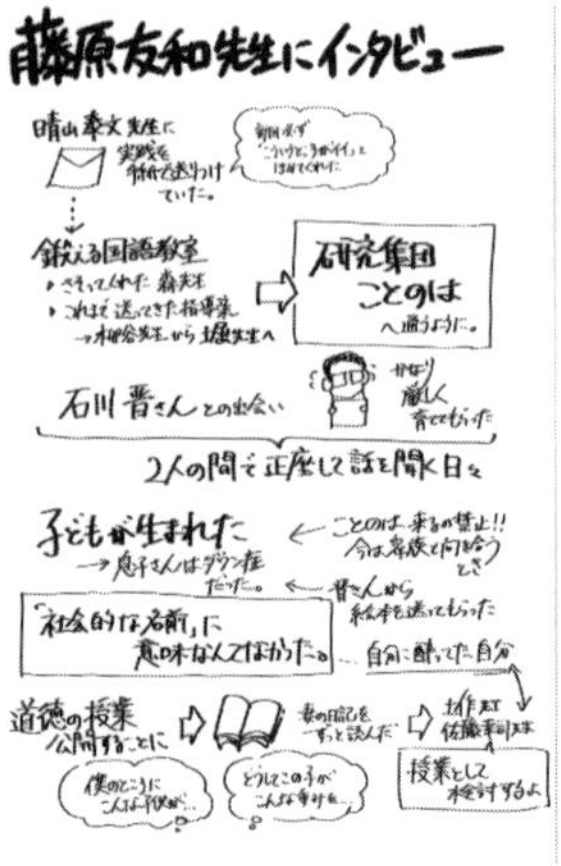

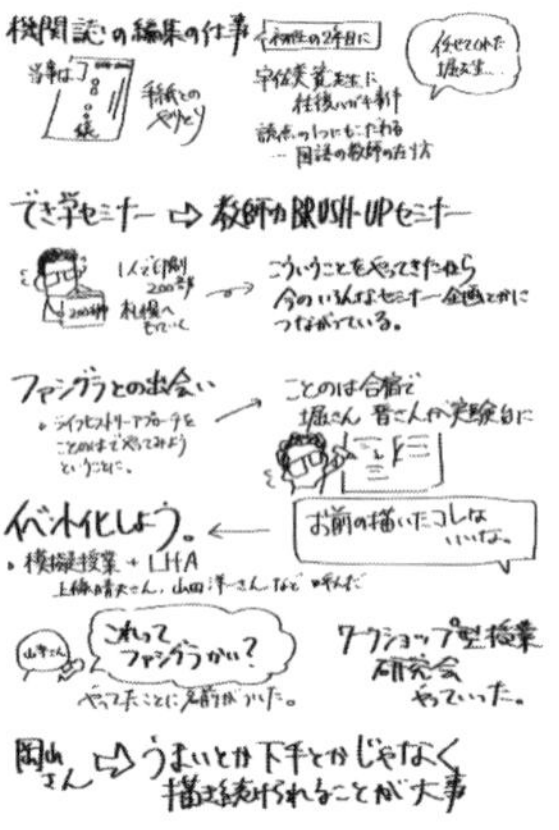

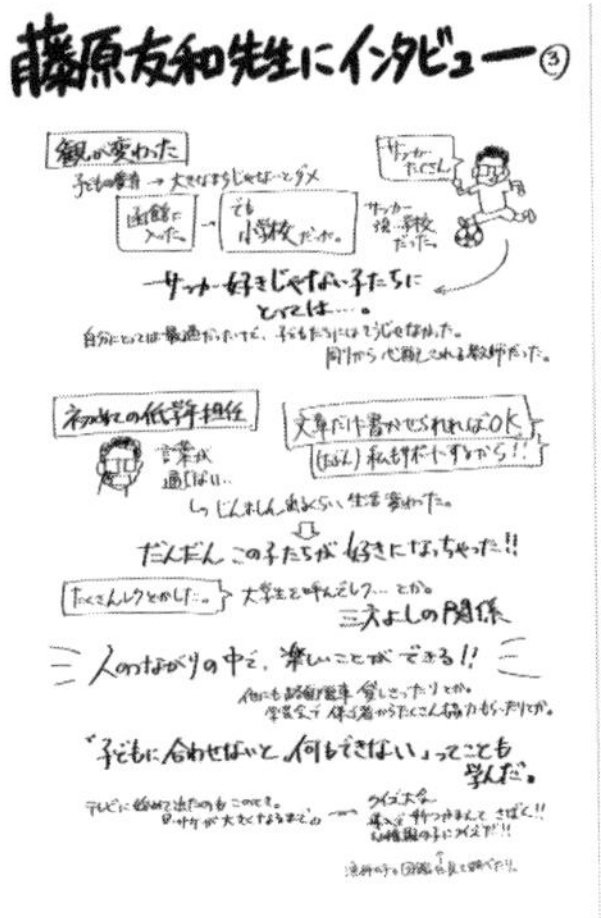
藤原友和先生にインタビュー③
観が変わった
でも小学校だった。
サッカー好きじゃない子たちにとっては…。
初めての低学年担任
言葉が通じない…
だんだんこの子たちが好きになっちゃった!!
三方よしの関係
人のつながりの中で、楽しいことができる!!
"子どもに合わせないと、何もできない"ってことも学んだ。
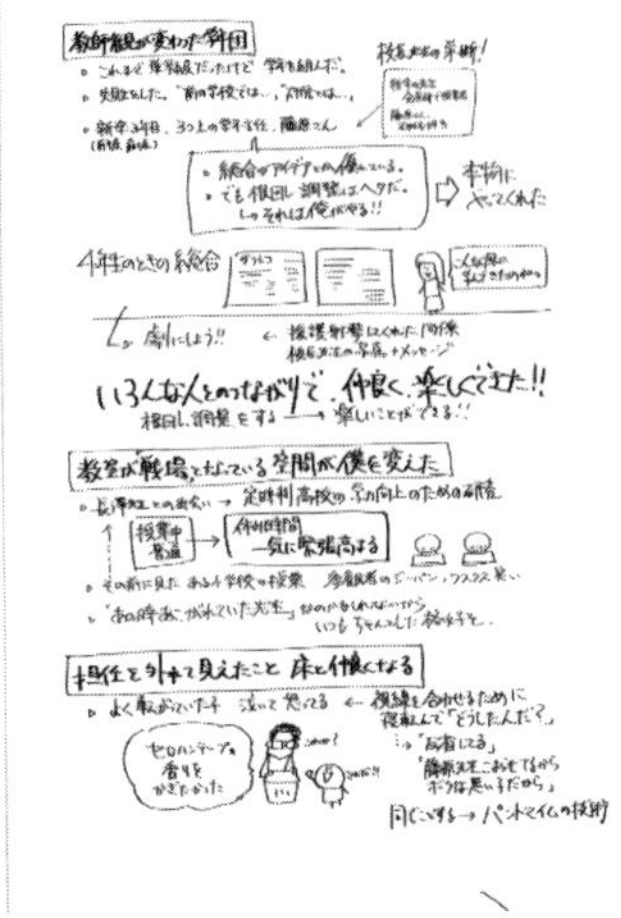
教師観が変わった学年団
校長先生の英断!
本物にやってくれた
いろんな人とのつながりで、仲良く、楽しくできた!!
教室が戦場となっている空間が僕を変えた
担任を外れて見えたこと 床と仲良くなる
同じにする→パントマイムの技術
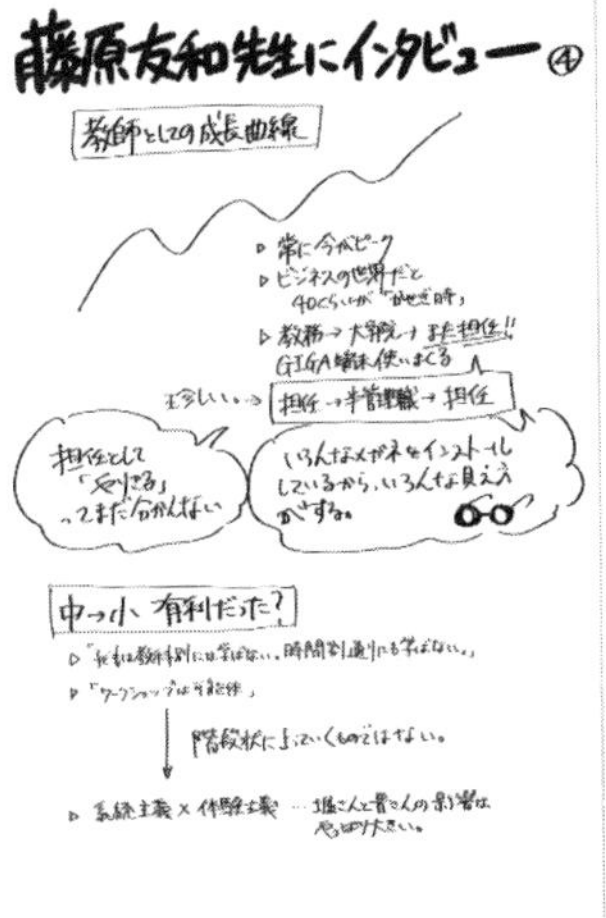
藤原友和先生にインタビュー④
教師としての成長曲線
常に今がピーク
ビジネスの世界だと40くらいが「かせぎ時」
教務→大学院→また担任!!
GIGA端末使いまくる
珍しい…→担任→指導職→担任
担任として「分かる」ってまだ分からない
いろんなメガネをインストールしているから、いろんな見え方がする。
中→小 有利だった?
階段状に上っていくものではない。
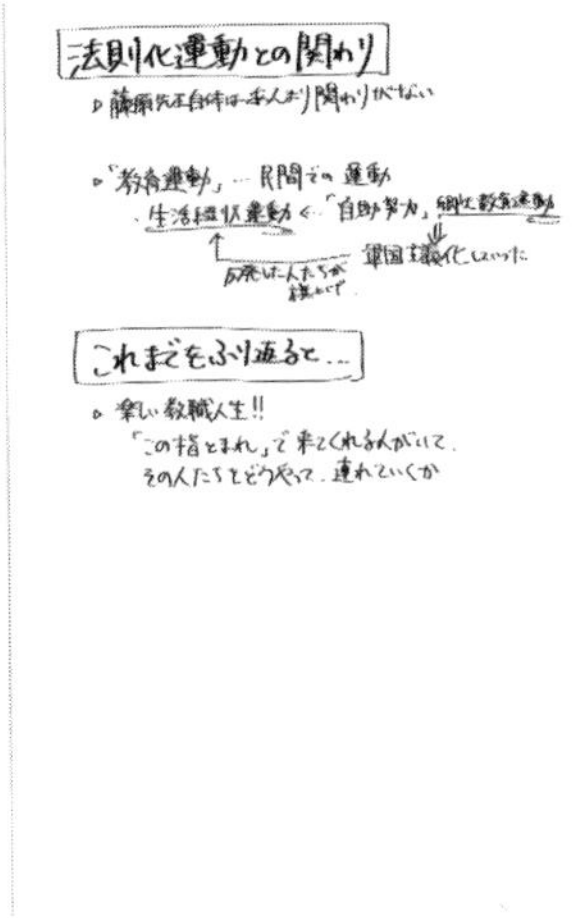
法則化運動との関わり
藤原先生自体はあんまり関わりがない
「教育運動」…民間での運動
これまでをふり返ると…
楽しい教職人生!!
「この指とまれ」で来てくれる人がいて、
その人たちとどうやって連れていくか

著者プロフィール

藤原友和

北海道公立小学校教諭。1977年北海道函館市生まれ。「ファシリテーション・グラフィック」を取り入れた実践研究に取り組む。教師力BRUSH-UPセミナー、函館市国語教育研究会、同道徳研究会所属。著書に『教師が変わる！授業が変わる！「ファシリテーション・グラフィック」入門』（明治図書出版）、『THE見える化』（明治図書出版）、『オリジナル地域教材でつくる「本気！」の道徳授業』（小学館）がある。

教師という生き方

2024（令和6）年12月25日　初版第1刷発行

著　　　者：藤原友和
発　行　者：錦織圭之介
発　行　所：株式会社　東洋館出版社
〒101-0054　東京都千代田区神田錦町2-9-1
コンフォール安田ビル2階
代表　TEL：03-6778-4343　FAX：03-5281-8091
営業部　TEL：03-6778-7278　FAX：03-5281-8092
振替　00180-7-96823
URL　https://www.toyokan.co.jp

装　　　丁：木下悠
組　　　版：株式会社ダイヤモンド・グラフィック社
印刷・製本：株式会社ダイヤモンド・グラフィック社

ISBN978-4-491-05417-9

Printed in Japan